突 破 认 知 的 边 界

人为什么要读书

叶圣陶 著

光明日报出版社

图书在版编目（CIP）数据

人为什么要读书 / 叶圣陶著 . -- 北京：光明日报出版社，2024.4
（民国大师家风学养课 / 廖淼焱主编）
ISBN 978-7-5194-7841-4

Ⅰ.①人… Ⅱ.①叶… Ⅲ.①叶圣陶（1894—1988）—教育思想 Ⅳ.① G40-092.7

中国国家版本馆 CIP 数据核字 (2024) 第 056127 号

人为什么要读书
REN WEISHENME YAO DU SHU

著　　者：叶圣陶	
责任编辑：徐　蔚	责任校对：孙　展
特约编辑：胡　峰　何江铭	责任印制：曹　诤
封面设计：于沧海	

出版发行：光明日报出版社
地　　址：北京市西城区永安路 106 号，100050
电　　话：010-63169890（咨询），010-63131930（邮购）
传　　真：010-63131930
网　　址：http://book.gmw.cn
E — mail：gmrbcbs@gmw.cn
法律顾问：北京市兰台律师事务所龚柳方律师

印　　刷：天津鑫旭阳印刷有限公司
装　　订：天津鑫旭阳印刷有限公司

本书如有破损、缺页、装订错误，请与本社联系调换，电话：010-63131930

开　　本：146mm×210mm　　　　　　　　印　张：6.25
字　　数：160 千字
版　　次：2024 年 4 月第 1 版
印　　次：2024 年 4 月第 1 次印刷
书　　号：ISBN 978-7-5194-7841-4
定　　价：49.80 元

版权所有　翻印必究

叶圣陶(1894—1988),原名叶绍钧,字秉臣,江苏苏州人。民国时期,叶圣陶曾在上海商务印书馆尚公学校、甪直镇吴县第五高等小学等校任教,又曾任商务印书馆编辑、开明书店编辑,编写有《开明国语课本》等教科书,以及主编、编辑了《文学周报》《小说月报》《中学生》等一大批影响深远的文学报刊、青少年报刊。代表作品有长篇小说《倪焕之》、童话集《稻草人》等。

教育就是养成好习惯

目录

第一章 教育与习惯

如何写作文（一）	003
如何写作文（二）	009
给与学生阅读的自由	018
珍惜自己和锻炼自己	022
读些什么书	026
新精神	030
读教科书不是最后目的	034
语文课的学习方法	038

> 什么是教育？简单一句话，就是要养成良好习惯。

I

第二章 千学万学，学做真人

生命和小皮箱	055
受言	058
人生观	061
五足年了	065
说话与听话	069
慰念贫病作家	071
暴露	073
冲破那寂静	077
新年致辞	083
四个"有所"	088
血和花	092
自学成功的夏丏尊先生	096

学校教育的目的就在于使学生养成正确的人生观。

第三章 教育与生活

怎样当好老师	101
供献给父母的	106
做了父亲	112
少年们的责任	118
高等教育所要养成的好习惯	122
学习不是死记硬背	126
学习也要养成好习惯	132
德目与实践	135
教育就是养成习惯	140
受教育的与改革教育	144
教育改造的目标	147
工余随笔	151
受教育跟处理生活	156

> 文当然要作的，但是要紧的在乎做人。

第四章 爱好与修养

写那的确属于自己的东西	161
青年人的爱好和修养	164
文艺随谈	171
答复朋友们	176
关于谈文学修养	179
略谈音乐与生活	184
我们的话	188

> 我以为好的先生不是教书，不是教学生，乃是教学生学。

> 什么是教育？简单一句话，就是要养成良好习惯。

第一章

教育与习惯

如何写作文（一）

我们试问着自己，最爱说的是那一类的话？这可以立刻回答，我们爱说必要说的与欢喜说的话。我们有时受人家的托付，代替传述一句话，或者为事势所牵，不得不同人家勉强敷衍几句，固然也一样地能够说，然而兴趣差得远了。要解释这个经验的由来很容易的。语言的发生本是为着要在大群中表白自我，或者要鸣出内心的感兴。顺着这两个倾向的，自然会不容自遏地高兴地说。至于传述与敷衍，既不是表白，本来不必鼓动唇舌的，本来不必而出以勉强、兴趣，当然不同了。

作文与说话本是同一目的，只是所用的工具不同而已。所以在这关于说话的经验里可以得到关于作文的启示。倘若没有什么想要表白，没有什么发生感兴，就不感到必要与欢喜，就不用写什么文字。一定要有所写才动手去写。从反面说，若不是为着必要与欢喜，而勉强去写，这就是一种无聊又无益的事。

　　勉强写作的事确然是有的，这或由于作者的不自觉，或由于别有利用的心思，并不根据着所以要写作的心理的基本。作者受着别人的影响，多读了几篇别人的文字，似乎觉得颇欲有所写了；但是写下来的时候却与别人的文字没有两样。至于存着利用的心思的，他一定要写作一些文字，才得达某种目的；可是自己没有什么可写，不得不去采取人家的资料。像这样无意的与有意的勉强写作，所犯的弊病是相同的，就是模仿。我们这样说，在无意而模仿的人，固然要出来申辩，说这所写的确然出于必要与欢喜；而有意模仿的人，或许也要不承认自己的模仿。但是，有一种尺度在这里，用着它，模仿与否将不辩而自明，就是"这文字里的表白与感兴是否确实是作者自己的？"从这种尺度的衡量，就可见前者与后者都只是复制了人家现成的东西，作者自己并不曾拿出什么来。不曾拿出什么来，模仿的讥评当然不能免了。至此，无意而模仿的人就会爽然自失，感到这必要并非真的必要，欢喜其实无可欢喜，又何必定要写作呢？而有意模仿的人想到写作的本意，为葆爱这种工具起见，也将遏抑了利用的心思。直到他们确实有自己的表白与感兴的时候，才动手去写作。

像那些著述的文字，作者潜心研修，竭尽毕生的精力，获得了一种见解，创成了一种艺术，然后写下来的，自然是所谓写出自己的东西。但是人间的思想、情感往往不甚相悬；现在定要写出自己的东西，似乎他人既已说过的，就得避去不说，而要去找人家没有说过的来说。这样，在一般人岂不是可说的话很少了么？其实写出自己的东西并不是这样讲的；按诸实际，又决不能像这个样子。我们说话、作文，无非使用那些通用的言词；至于资料方面，也免不了古人与今人曾经这样那样运用过了的，虽然不能说决没有创新，而也不会全部是创新。但是要注意，我们所以要说这席话，写这篇文，自有我们的内面的根源，并不是完全被动地受了别人的影响，也不是想利用着达到某种不好的目的。这内面的根源就与著述家所获得的见解、创成的艺术有同等的价值。它是独立的，即使表达出来时恰巧与别人的雷同，或且有意地采用了别人的东西，都不受模仿的讥评。因为它自有独立性，正如两人面貌相同、性情相同，无碍彼此的独立，或如生物吸收了种种东西营养自己，却无碍自己的独立。所以我们只须自问有没有话要说，不用问这话会不会经人家说过。果真确有要说的话，用以作文，就是写出自己的东西了。

更进一步说，人间的思想、情感诚然不甚相悬，但也决不会全然一致。先天的遗传，后天的教育，师友的熏染，时代的影响，都是酿成大同中的小异的原因。原因这么繁复，又是参伍错综地来的，就成各人小异的思想、情感。那么，所写的东西如果是自己的，只要是自己的，实在很难得遇到与人家雷同的情形。试看许多文家一样地吟咏风月，描绘山水，会有不相雷同而各极其妙的文字，就是很显明的例了。原来他们不去依傍别的，只把自己的心去对着云月山水；他们又绝对不肯勉强，必须有所写时才写；主观的情思与客观的景物揉和，组织的方式千变万殊，自然每有所作，都成独创了。虽然他们所用的大部分也只是通用的言词，也只是古今人这样那样运用过了的，而这些文字的生命是由作者给与的，终竟是唯一的独创的东西。

第一章　教育与习惯

讨究到这里，可以知道写出自己的东西是什么意义了。

既然要写出自己的东西，就会联带地要求所写的必须是美好的：假若有所表白，这当是有关于人间事情的，则必须合于事理的真际，切乎生活的实况；假若有所感兴，这当是不倾吐不舒快的，则必须本于内心的郁积，发乎情性的自然。这种要求可以称为"求诚"。试想假如只知写出自己的东西而不知求诚，将会有什么事情发生？那时候，臆断的表白与浮浅的感兴，因为无由检验，也将杂出于我们的笔下而不自觉知。如其终于不觉知，徒然多了这番写作，得不到一点效果，已是很可怜悯的。如其随后觉知了，更将引起深深的悔恨，以为背于事理的见解，怎能够表白于人间，贻人以谬误，浮荡无着的偶感怎值得表现为定形，耗己之劳思呢！人不愿陷于可怜的境地，也不愿事后有什么悔恨，所以对于自己所写的文字，总希望它确是美好的。

虚伪、浮夸、玩戏，都是与诚字正相反对的。在有些人的文字里，却犯着虚伪、浮夸、玩戏的弊病。这个原因同前面所说的一样，有无意的，也有有意的。譬如论事，为才力所限，自以为竭尽智能，还是得不到真际。就此写下来，便成为虚伪或浮夸了。又譬如抒情，为素养所拘，自以为很有价值，但其实近于恶趣。就此写下来，便成为玩戏了。这所谓无意的，都因有所蒙蔽，遂犯了弊病。至于所谓有意的，当然也是怀着利用的心思，借以达某种的目的。如故意颠倒是非，希望淆惑人家的听闻，便趋于虚伪、谀墓、献寿，必须彰善颂美，便涉于浮夸；作书牟利，迎合人们的弱点，便流于玩戏。无论无意或有意犯着这些弊病，都是学行上的缺失，生活上的污点。如其他们能想一想是谁作文，作文应当是怎样的，便将汗流被面，无地自容，不愿再担负这种缺失与污点了。

我们从正面与反面看，便可知作文上的求诚实含着以下的意思：从原料讲，要是真实的、深厚的，不说那些不可征验、浮游无着的话；从态度讲，要是诚恳的、严肃的，不取那些油滑、轻薄、十分卑鄙的样子。

我们作文，要写出诚实的、自己的话。

1924年10月发表
原文为《作文论·诚实的自己的话》

如何写作文（二）

空口念着"要写出诚实的、自己的话"这句标语是没用的，应该去寻到它的源头，惟有源头会不息地倾注真实的水出来。从前两篇里，我们已经得到暗示，知道这源头很密迩，很广大，不用外求，操持由己，就是我们的充实的生活。生活充实，才会表白出、发抒出真实的深厚的情思来。若讲生活充实的涵义，应是明白得多，阅历得广，有发见的能力，有推断的方法，情性丰厚，兴趣饶富，内外合一，即知即行，等等。到这地步，再会说虚妄不诚的话么？我们欢喜读司马迁的文，认他是大文家，而他所以致此，全由于修业、游历以及伟大的志操。我们欢喜咏杜甫的诗，称他是大诗家，而他所以致此，全由于热烈的同情与高尚的人格。假若要找反面的例，要找一个生活空虚的真的文家，我们只好说无能了。

　　生活的充实是没有止境的，因为这并非如一个瓶罐，有一定的容量，乃是可以无限地扩大，而不嫌其过大过充实的。若说要待充实到极度之后才得作文，则这个时期将永远在可望不可即之中，终于不会来到。而写作的欲望却是时时会萌生的，难道悉数遏抑下去么？其实不然。我们既然有了这生活，就当求它的充实（这是伦理上的话，这里单举断案，不复论证）。但是在求充实的时候，也正就是生活着，并不分一个先，一个后，一个是预备，一个是实施。从这一点可以推知只要是向着求充实的路的，同时也就不妨作文。作文原是生活的一部分呵。我们的生活充实到某程度，自然要说某种的话，也自然能说某种的话。譬如孩子，他熟识了人的眨眼，这回又看见星的妙美的闪耀，便高兴地喊道："星在天上向我眨眼呢！"这于他实在很有意思，他运用他的观察力、想像力，使生活向着充实的路，这时候自然要倾吐这么一句话，而倾吐出来的又恰好表达了他的想像与欢喜。大文家写出他每一篇名作，也无非是这样的情形。

　　所以我们只须自问，我们的生活是不是在向着求充实

第一章 教育与习惯

左图为万盛米行原型旧影。右图为叶圣陶短篇小说《多收了三五斗》。1919年，父亲谢世后，叶圣陶把家从苏州搬到甪直，和外祖母、母亲、妻子胡墨林，以及刚满周岁的长子至善一起，过上了"乡村生活"。甪直古镇的景色和生活触发了叶圣陶的创作灵感，《多收了三五斗》就是以镇上万盛米行为原型创作的。

的路上？如其是的，那就可以绝无顾虑，待写作的欲望兴起时，便大胆地、自信地写作。因为欲望的兴起这么自然，原料的来源这么真切，更不用有什么顾虑了。我们最当自戒的，就是生活沦没在虚空之中，内心与外界很少发生关系，或者染着不正当的习惯，却要强不知以为知，不能说、不该说而偏偏要说。这譬如一个干涸的源头，那里会倾注真实的水出来？假若不知避开，惟有陷入模仿、虚伪、浮夸、玩戏的弊病里罢了。

要使生活向着求充实的路，有两个致力的目标，就是训练思想与培养情感。从实际讲，这二者也是互相联涉，分割不开的。现在为论列的便利，姑且分了开来。看它们的性质，本应是一本叫做《做人论》里的节目。但是，因为作文是生活的一部分，所以它们也正是作文的源头，不妨在这里简略地讨究一下。

杜威一派的见解以为"思想的起点是实际上的困难，因为要解决这种困难，所以要思想；思想的结果，疑难解决了，实际上的活动照常进行；有了这一番思想作用，经验更丰富一些，以后应付疑难境地的本领就更增长一些。思想起于应用，终于应用；思想是运用从前的经验来帮助现在的生活，更预备将来的生活"。这样的思想当然会使生活的充实性无限地扩大开来。至于它的进行顺序是这样："（一）疑难的境地；（二）指定疑难之点究竟在什么地方；（三）假定种种解决疑难的方法；（四）把每种假定所涵的结果一一想出来，看那一个假定能够解决这个困难;(五)证实这种解决使人信用,或证明这种解决的谬误,使人不信用。"在这个顺序里,这第三步的"假设"是最重要的,假如没有它,就得不到什么新东西。而第四、第五步则是给它加上评判和证验,使它真能成为生活里的新东西。所以训练思想的涵义,"是要使人有真切的经验来作假设的来源;使人有批评、判断种种假设的能力;使人能造出方法来证明假设的是非真假"。①

  至此,我们就得归根到"多所经验"上边去。所谓经验,不只是零零碎碎地承受种种见闻接触的外物,乃是要把它们认得清楚明画,看出它们的关系,使成为我们所有的东西。不论愚者和智者,一样要生活着,所以各有各的自得的经验。但各人的经验有深浅广狭的不同。所谓愚者,只有很浅很狭的一部分,仅足维持他们的勉强的生活;除此以外,他们就没有什么了。这个原因当然在少所接触;而接触的多少不在乎外物的来不来,乃在乎主观的有意与无意;无意应接外物,接触也就少了。所以我们要经验丰富,应该有意地应接外物,常常持一种观察的态

---

① 关于杜威的见解的几处引文,皆出自《胡适文存》。

度。这样，将见环绕于四围的外物非常之多，都足以供我们认识、思索，增加我们的财富。我们运用着观察力，明白它们外面的状况以及内面的情形，我们的经验就无限地扩大开来。譬如对于一个人，如其不加观察，摩肩相值，瞬即东西，彼此就不相关涉了。如其一加观察，至少这个人的面貌、姿态在我们的意念中留下一个印象。若进一步与他结识，更可以认识他的性情、品格。这些决不是无益的事，足以使我们获得关于人的种种经验，于我们持躬、论人都有用处。所以随时随地留意观察，乃是扩充经验的不二法门。由多所观察，方能达到多所经验。经验愈丰富，则思想进行时假设的来源愈广，批评、判断种种假设的能力愈强，造出方法以证明假设的是非真假也愈有把握。

  现在回转去论到作文。假如我们作文是从这样的源流而来的，换一句说，就是从多所观察、多所经验，更由经验以运思想作用而来的，便能表达事物的真际，宣示切实的意思，而且所表达、所宣示的也就是所信从、所实行的，所以内外同致，知行合一。这不是做到了写出诚实的话么？

其次，我们论培养情感。遇悲喜而生情，触佳景而兴感，本来是人人所同的。这差不多是莫能自解的，当情感兴起的时候，浑然地只有这个感，没有工夫再去剖析或说明。待这时候已过，方才能回转去想。于是觉得先前的时候悲哀极了或者喜悦极了，或者欣赏了美的东西了。情感与经验有密切的关系。它能引起种种机会，使我们留意观察，设法试证，以获得经验；它又在前面诱导着，使我们勇往直进，全心倾注，去享用经验。所以它给我们极大恩惠，它使我们这世界成个各部互相关联而且固结不解的组织；它使我们深入生活的核心，不再去计较那些为什么而

1935年秋，叶圣陶（靠前穿长衫者）与沈从文（后穿深色衣者）、张兆和、张允和（穿黑色裙者）同游天平山。

生活的间空问题。它是黏力，也是热力。我们所以要希求充实的生活，而充实的生活的所以可贵，浅明地说，也就只为我们有情感。

但是情感也各人有强弱周偏的不同。很有些人对于某一小部分的事物则倾致他们的情感，其外便不然。更有些人对于什么都淡漠，不从这方面倾致，也不从那方面倾致，只是消极地不生情感。到这地步，便觉得什么东西总辨不出滋味，一切都是无边的空虚，世界是各不相关联的一堆死物，生活是无可奈何的消遣。所以致此的原因，在于与生活的核心向来不曾接近过，永久是离开得远远；而所以离开，又在于不多观察，少具经验，缺乏切实的思想能力。（因此，我们在前面说思想情感是"互相联涉，分割不开的"，原来是这么如环无端，迭为因果的呵。）于此可见我们如不要陷入这一路，就得从经验、思想上着手。有了真切的经验、思想，没有不引起真切的情感；成功则喜悦，失败则痛惜，不特限于一己，对于他人也会兴起深厚的同情。而这喜悦之情的享受与痛惜之后的奋发，都足以使生活愈益充实。人是生来就怀着情感的核的，果能好好培养，自会抽芽舒叶，开出茂美的花，结得丰实的果。生活永远涵濡于情感之中，就觉这生活永远是充实的。

现在也回转去论到作文。假如我们的情感是在那里培养着的，则凡有所写，都属真情实感；不是要表现于人前，便是吐其所不得不吐。这不是做到了写出诚实的话么？

我们要记着，作文这件事离不开生活，生活充实到什么程度，才会做成什么文字。所以论到根本，除了不间断地向着求充实的路走去，更没有可靠的预备方法。既然在这条路上，再加上写作的法度、技术等等，才完成作文这件事。

必须寻到源头，方有清甘的水喝。

1924年10月发表
原文为《作文论·源头》

给与学生阅读的自由

我们知道现在中等学校里，对于学生课外阅读书报，颇有加以取缔的。取缔的情形并不一律。有的是凡用语体文写作的书报都不准看。说用到语体文，这批作者就不大稳当，却没有想到给学生去死啃的教科书大多数是用语体文写作的。有的是开列一个目录，让学生在其中自由选择。说目录以外的书报都要不得，谁不相信，偏要弄几种来看，只有一个断然处置的办法——没收！有的更温和一点，并不说不许看什么，却随时向学生劝告，最好不要看什么。一位教师在自修室外面走过，瞥见一个学生手里正拿着一本所谓最好不要看的东西，他就上了心事，跑去悄悄地告诉另一位教师说："某某在看那种东西了呢！"那诧怪和怜悯的神情，仿佛发见了一个人在偷偷地抽鸦片。

于是几位教师把这事记在心上，写上怀中手册，直到劝告成功，那学生明白表示往后再不看那种东西，他们才算在心上搬去了一块石头——这虽然温和一点，然而也还是取缔。

这样把学生看做思想上的囚犯，实在不能够教人感服。学生所以要找一点书报来看，无非想明白当前各方面的情形，知道各式各样的生活而已。既已生在并非天下太平的时代，谁也关不住这颗心，专门放在几本教科书几本练习簿上。当然，所有的书报不尽是对于学生有益处的。但只要学校教育有真实的功效，学生自会凭着明澈的识别力，排斥那些无益的书报。现在不从锻炼学生的识别力入手，只用专制的办法来个取缔，简便是简便了，然而要想想，这给与学生的损害多么重大！把学生的思想范围在狭小的圈子里，教他们像号子里的囚犯一样，听不见远处的风声唱着什么曲调，看不见四围的花木显着什么颜色。这样寂寞和焦躁是会逼得人发疯的。我们曾经接到好些地方学生寄来的信，诉说他们被看做思想上的囚犯的苦恼。只要一读到那种真诚热切的语句，就知道取缔办法是何等样的罪过。

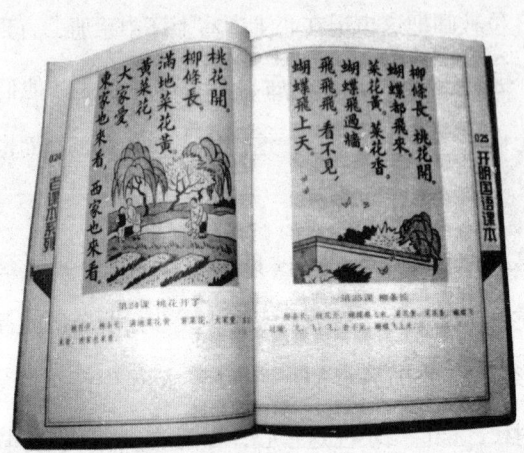

《开明国语课本》第一册书影,叶圣陶编写,并配有丰子恺的绘画,十分畅销,是开明书店的"传社宝书"。叶圣陶花了整整一年时间,编成了这部"国语课本",共十二册,四百来篇课文。他在《我和儿童文学》中回忆说:"这四百来篇课文,形式和内容都很庞杂,大约有一半可以说是创作,另一半是有所依据的再创作,总之没有一篇是现成的,是抄来的。给孩子们编写语文课本,当然要着眼于培养他们的阅读能力和写作能力,因而教材必须符合语文训练的规律和程度。但是这还不够。小学生既是儿童,他们的语文课本必得是儿童文学,才能引起他们的兴趣,使他们乐于阅读,从而发展他们多方面的智慧。"

教师和学生,无论如何不应该对立起来。教师不是专制政治下的爪牙,学生不是被压迫的民众。教师和学生是朋友。在经验和知识上,彼此虽有深浅广狭的差别,在精神上却是亲密体贴的朋友。学生要扩大一点认识的范围,

第一章 教育与习惯

做他们亲密体贴的朋友的教师竭力帮助他们还嫌来不及，怎忍把他们的欲望根本压了下去！我们特地在此提出来说，希望做了这种错误举动的教师反省一下，给与学生阅读的自由。

1937年2月1日发表

珍惜自己和锻炼自己

少年们,在这抗战期间,有不知多少和你们一样活泼壮健的少年死亡了。在沦陷在敌人手里的各处地方,有些少年中了残酷的子弹,有些少年吃了凶狠的刀锋,有的葬身在火窟之中,有的僵卧在瓦砾之下。而住在后方的少年,或者因敌机的轰炸而丧失了生命,或者因避难的辛苦而离开了世界:统计起来,数目一定也不少。他们本来和你们一样的有光明的前途,可是现在完了,永远消灭了。你们对于他们的遭遇,当然感到非常悲伤;同时对于摧毁他们的敌人,必然更加痛恨。

少年们,要知道徒然悲伤是没有用的。悲伤死了的,必须进一步珍惜活着的。你们是活着的,就得特别珍惜你们自己。

第一章 教育与习惯

少年们，要知道徒然痛恨也是没有用的。痛恨敌人，必须进一步锻炼自己，使自己有一种实力，可以打击敌人。你们既然痛恨敌人，就得努力锻炼，养成那种实力。

所谓珍惜自己，就是不要看轻自己，把日子随随便便混过去的意思。做人的道理本来应该如此，在这抗战期间，尤其要注意。你们想，现在的抗战不只是士兵和士兵的战斗，而是咱们全国人和敌人的拼命。你们就包含在全国人中间，你们个个人如果都能够珍惜自己，咱们的阵势就加强了。反过来，如果你们中间有一部分人不知自爱，或者把身体弄得很坏，或者把思想弄得糊里糊涂，或者把知识弄得不明不白，这不但对不起自己，并且对不起全国人，因为这样就削弱了咱们的阵势。这样一想，你们当然觉得自己肩膀上的责任多么重大，决不愿意随随便便混日子了。

所谓锻炼自己，就是随时随地学习，随时随地实践，使自己具有经验和能力的意思。这也是普通做人的道理，而在这抗战时期，要想加强我们的阵势，尤其不可疏忽。你们想，要唤醒民众，使大家拿出力量来对抗敌人，如果没有说得动人家的理论和热诚，怎么成？要做一点后方工

尚公学校旧址。尚公学校校名"尚公"是"崇尚公众"的意思,始创于1905年春,是商务印书馆的实验小学,校长是商务印书馆编辑所负责人之一庄百俞。1915年,叶圣陶经好友推荐来到尚公学校教高小国文。

作,使前方的士兵得到许多便利,如果没有运输、通信、看护、守卫等等的实际技术,怎么成?即此两端,可见其余。对抗敌人是一件很繁复很艰难的事情,不是挂在嘴边说说的,不是怀在心头想想的,必须靠着经验和能力,这件事情才可以真实地做出来。这样一想,你们当然觉得要尽你们的重大责任,非赶紧锻炼自己不可了。

我曾经接到几个少年的信,又曾经遇到好些少年。信是从被敌人占领的地方发出的。信上说起从前仅仅听见"帝国主义"的名词,现在却看见了帝国主义的面目了,说它像强盗还嫌不确切，简直畜生都不如。又说，现在虽然处在它的爪牙之下，但是在最近的将来总得把它扑灭掉。至于我所遇见的少年，他们有的告诉我曾经冒险进火线，救回受伤的士兵，怎样辨别枪弹的方向，怎样躲避飞机的轰炸……都有了很丰富的经验。有的告诉我因为避难走了许多地方，哪里的形势很险要，可以守御，哪里有什么物产，可以供给军需，凡是教科书上没有写明的，都一一"读"过来了。我对于这些少年非常敬佩，因为他们能够在这抗战期间珍惜自己，锻炼自己。

前面说的只是几个例子罢了。各人的遭遇不同，原不可一概而论。但他们的精神是值得效法的。少年们，我希望你们都有这种精神！

1938年3月5日发表

读些什么书

本志这一期出版的时候，读者诸君已经放了寒假了。平时在学校里，因为课程多，各科的练习忙，很少有阅读课外书籍的时间；心里虽然想阅读，可是事实上办不到，很觉得难受。寒假没有暑假那么长，但是也有几个星期，正好用来弥补这个缺憾；就是说，在寒假里应该有头有尾阅读几本书。

阅读什么书呢？读者诸君或许要这样问。我们以为举出一些具体的书来回答，是不很妥当的。第一，这中间或许会掺杂着我们的偏见；第二，不一定适合读者诸君的口味；第三，举出的书，读者诸君未必就弄得到手。因此我们只能提出几个项目，给读者诸君作为选书的参考。

关于各科的参考书是可以选读的。在学校里只读教科书;教科书是各科知识的大纲,详细的项目和精深的阐发,都没有包容进去。例如本国史教科书,对于一代的政治、文化、人情、风俗,至多用几百个字来叙述就完事了;少的时候,只用一句两句话就带过了。单凭那几百个字或一句两句话,固然也可以算知道了历史;但是知道的只是些笼统的概念,或者知其然而不知其所以然,实在不能算知道了历史;如果选一些专讲某代的政治、文化、人情、风俗的参考书来读,由于已经知道了大纲,决不至于摸不着头脑,而阅读的结果就是明白得详细而且透彻。

关于当前种种问题的书是可以选读的。教科书中大多说些原理原则的话,对于随时遇到的具体问题,或者附带提到,或者简直不说。例如日本是我国的大敌,我国与它作战已经四年半,最近它又发动太平洋大战,与一切民主国家为敌;它的凭借究竟怎样,它那狂妄的欲念怎样才可以扑灭,这些都是我国人民亟待解答的具体问题;但是本国史、外国史和外国地理的教科书中,对于这些仅有简略的叙述,没有综合的解答。如果选一些专谈日本问题的书来读,就可以得到许多精确的认识,从精确的认识发而为种种行动,自然会有切实的力量。日本问题只是例子罢了，此外如建国问题、大战后世界秩序问题等等，现代青年都得郑重注意。必须注意当前的问题，青年才能够认识时代；认识了时代，自身才能够参加进去，担负推动时代的任务。

关于修养的书是可以选读的。所谓修养，其目的无非要明了自己与人群的关系，要应用合理的态度和行为来处理一切。修养的发端在于"知"；如果不"知"，种种关系就不会明了，怎样才是合理也无从懂得。修养的完成在于"行"；如果"知"而不"行"，所知就毫无价值。读关于修养的书，假定是《论语》，好比与修养很有功夫的孔子面对面，听他谈一些修养方面的话，在"知"的扩展上是很有益处的。"知"了，又能化而为"行"，那就一辈子受用不尽了。

关于文学的书是可以选读的。文学的对象是人生。文学的特点是把意念形象化，不用抽象的表达。所以读文学可以认识人生，感知人生。善于读文学的人，他所见的人生一定比不读文学的人来得深广。这当然指上品的文学而言。同样是诗，有优劣的分别；同样是小说，也大有好坏。我们没有这么多的精力和时间来读一切坏的劣等的作品（就是有这么多的精力和时间也无须读那些），自应专选上品的来读。还有，不要以为自己准备学工学农，就无须理会文学。要知道学工学农也是人生；无论是谁，能够接触以人生为对象的文学，是一种最为丰美最有价值的享受。

就以上提出的几个项目来选择，至少可以选到三四本书，尽够寒假中阅读了。如果能够认真阅读的话，除了吸收书中的内容而外，阅读和写作的能力也自然会长进。常常有人这样问：要使国文程度长进，该读些什么书？我们的回答是：认真读前面提到的几类书，就可以了；专为要人家长进国文程度而写作的书是没有的。

1942年1月作

新精神

曾经与一些民众学校的教师谈话。他们说他们的工作无非教来学的人识若干字，读几本书。识得了，读过了，就让来学的人毕业。毕业之后，他们没有相当的读物可看，应用上也不大需要什么文字，大约经过相当于入学的时间，就把识得的字读过的书忘得差不多了。教师们觉得他们的工作很空虚似的，辛辛苦苦，费心尽力，可没有一点儿切实的成绩。

我很同情他们，可是没有什么话安慰他们。事实摆定在那里，切实的成绩不会像变戏法一般变出来的。

正规的学校教育不也是一样吗？课程规定把一些知识装进学生的头脑，装到了限度就算毕业。毕了业又经过若干时日，装进去的忘干净了，与自始没有装什么进去无多分别，徒然耗费了若干年一去不返的光阴，以及若干笔勉力支撑带血带泪的学杂费！最近上海《大公报》刊载了许多篇文字，是大中学生写的，说法各各不同，可是一致地控诉他们所受的教育对他们没有好处。写文字投登在报纸上的当然是极少数，极大多数的学生只在嘴上说说，心里想想，我知道他们的意思，归总一句话，也是他们所受的教育对他们没有好处，因为这一类的陈说我听见得太多了。学生们的反应如此，教师们，尤其是有良心有责任感的教师们，岂不是要发生空虚之感？

教育不以生活为本位而以知识为本位，是一个大毛病。由于不以生活为本位，所以不讲当前受用，读了植物学可以不辨荍麦，读了生理卫生可以绝无卫生习惯。由于不以生活为本位，所以只讲记诵，能够照书本回答就得一百分，不能够照书本回答注定吃大亏。由于不以生活为本位，所以受教育成了一件奢侈事情，譬如穿一件绣花衣服，穿了固然体面，可是不穿也没有关系。

这种精神是承袭传统的教育精神而来的。传统的教育，其目的只在替皇帝选拔一批驯良的帮手，向来不管受教育者的生活，谁问你当前受用不受用！为要把驯良训练

1921年，叶圣陶在上海半淞园与沈雁冰、郑振铎、沈泽民合影。1921年1月4日，周作人、朱希祖、郑振铎、叶圣陶等十二人发起成立了文学研究会。同年，叶圣陶、沈雁冰、郑振铎等同游上海半淞园，共商文学研究会会刊《文学旬刊》和"文学研究会丛书"的编辑出版事宜。文学研究会网罗了全国大部分作家，在我国现代文学史上写下了极其辉煌的篇章。

得到家，自然需钦定一些教材，叫你只许在范围之内用心思，这就来了记诵之学。而从前的受教育原是带着奢侈性的，一旦飞黄腾达，固然走上利禄之途，可是，犹如买奖券，大多数的人只好执著没有中的奖券空叹气，你想发财就是你的奢侈性作怪。

现在与往昔，时代不同，而现在的教育还是承袭着往昔的教育精神，这是蜕变期间应有的现象。就一个人看来，五六十年是一段很长的时期，可是就历史看来，社会蜕变（教育包括在内）经历五六十年还没有变过来，不能算了不起的久长。传统的教育精神总有一天会完全摆脱的，而吃亏的是生当其时，现在正在受教育的少年与青年。

摆脱了传统精神的教育对于受教育者必有切实的好处。以生活为本位，随时学习，随时受用。知识不是点缀品，追求知识是为充实生活，知识必须化为身体上的血肉，生活上的习惯，不仅挂在口头笔头装点门面。多受一天教育将与前一天不一样，在做事、为人、想心思、辨事理种种方面多少必有进步，如是一天天继续不断，一直往更真更美更善的路上前进。

也有不少的教育者已经感到了这种新精神，他们虽不能完全摆脱环境的拘束，但是他们努力使他们的学生得些实益。他们的学生比较地有福了。方在受教育的少年青年们如果感到了这种新精神，也可以努力使自己的学习合着这种新精神。那么，他们比较地有福了。

1948年4月1日发表

读教科书不是最后目的

一个住惯了都市的青年到乡间一家亲戚家里过暑假，那亲戚家里种植着一些花木，跑出门去，又随处可以见到田亩和树林，他开始对植物发生了兴趣，时时去观察它们。真的，他还是第一次同植物亲近呢。在都市里，他看见的是鸽子笼似的房屋，灰白色的水门汀地，以及车来人往的街道，只有学校廊下排列着的几盆花是他仅见的植物。现在他每天和各种植物为伴，觉得什么都是新鲜的，随时有新的解悟。他看见多数植物的新芽从叶柄的地方生出来，纠正了他以前的见解，在以前，他以为新芽的萌生处所全是没有规律的。他又看见一些植物的花蕾早已预备在枝头了，如山茶的花期在冬春之交，绣球的花期比山茶还迟一点，但是在夏季都有了花蕾，这使他觉悟向来的错误，在向来，他以为一切植物的花蕾都要到了花期才生出来的。一天，他把他的新经验告诉我们，说："关于这些，植物教科书上都没有提起，莫怪我要误会了。若不是这个暑假有了观察的机会，这种误会不知道要延长到什么时候呢！"

我们相信一个农家的孩子或是种花的园丁决不会有这种误会。他们并没有读过植物教科书，甚至不知道有"植物"什么的名词。而郑重其事地，为了研究植物而读了植物教科书的，偏会发生这种算不得轻微的误会。可见仅仅读植物教科书决不是研究植物的妥当办法了。

依通常说，学生所要求的是知识。说得更切实一点，那便是生活经验。生活经验不是随便谈谈随便听听就可以取得的。必须把外界的一切融化在我们的生命里，使我们的生命丰富而有所作为，才算真个取得了生活经验。外界的一切"杂然并陈"，为摄取的方便起见，不得不把它们分个门类，于是学校里就有了各种的科目。每一种科目如果漫然去学习研究，势必混乱而没有头绪，为有所依据起见，不得不给他定一个纲领，于是学校里就有了各种的教科书。读教科书并不是进学校的最后目的，最后目的乃在取得生活经验。必须一方面依据教科书上所定的纲领,一方面不忘记和"杂然并陈"的外界的一切打交涉,这个最后目的才可以达到。仅仅知道一些文字记录下来的纲领,此外再不做什么工夫,那是绝对不行的。

仅仅读植物教科书而不去亲近植物,只能算没有懂得植物。像前面说起的青年那样,直到同植物亲近之后,他才觉悟从前见解的错误,他才真个懂得了植物。教科书只是文字而已,间或插一些图片,也不过一瞬间的静态,不要说万万传达不出事物真相,就是和活动影片比较,也相差很远。往往有这么一种情形:实地观察原可以一目了然的,教科书中连篇累牍写了一大堆还是不能教人明白。这不一定由于编书的人本领差,要知道文字的功用自有它的限度。

还有,譬如读生理教科书,一章是消化系统,一章是循环系统,如果不去取一匹动物来解剖,也不省察自己的身体来理会,定会设想这些系统是各个独立的,谁和谁没有关系,好像都市中埋在地底下的排水管和电线管。

这也不能怪编书的人,身体中的各个系统原是息息相关的,可是编书总是分了开来一章章地编。最要紧的是教者学者都要认清楚:教科书不过是个纲领,是宾;真实的事事物物才是教学的材料，是主。教明白了教科书，记清楚了教科书，算不得数。必须学者真个懂得了真实的事事物物，方才是教者教到了家，学者学到了家。

不仅理科方面的科目如此，其他科目也是一样。试把国文来说。国文，好像全是书本上文字上的功夫了，然而它和实际生活也密切地联系着。你研究一句句法，必得问实际生活中这样说法是不是妥当，你研究一个字眼，必得问实际生活中这个字眼该怎么使用，这才读一篇文章得到一篇的好处。如果你不问这一些，单从书本上文字上去揣摩，玩弄什么神妙呀生动呀那一套把戏，那只能做成功一个书呆子而已，读完一部国文教科书准保你写不来一张字条子。

读者诸君中间有相信读教科书便是进学校的最后目的的吗？如果有，我们特地在此提出劝告：快把这个信念丢开了吧，因为这是个要不得的信念。教科书好比一张旅行的路程单，你要熟识那些地方必须亲自到那些地方去旅行，不能够单单记住一张路程单。

1936年10月1日
《中学生》第68号

语文课的学习方法

一、学习语文很重要

学习语文的确很重要。近几年来越来越多的人觉得自己的语文程度不够高。语文程度不够高，大约指两个方面：一方面是阅读。比方看《人民日报》的社论，有些人看是看下去了，可是觉得不甚了然，抓不住要点，掌握不住精神。另一方面是写作。写了东西，总觉得词不达意，仿佛自己有很好的意思，只因为写作能力差，不能把它充畅地表达出来。这就可见阅读和写作两方面的能力都要提高。

阅读是怎么一回事？是吸收。好像每天吃饭吸收营养料一样，阅读就是吸收精神上的营养料。写作是怎么一回事？是表达。把脑子里的东西拿出来，让人家知道，或者用嘴说，或者用笔写。阅读和写作，吸收和表达，一个是进，从外到内，一个是出，从内到外。这两件事无论做什么工作都是经常需要的。这两件事没有学好，不仅影响个人，还会影响社会。说学习语文很重要，原因就在这里。

二、对学习语文要有正确的认识

什么叫语文？语文就是语言，就是平常说的话。嘴里说的话叫口头语言，写到纸面上的叫书面语言。语就是口头语言，文就是书面语言。把口头语言和书面语言连在一起说，就叫语文。……

语言是一种工具，工具是用来达到某个目的的，工具不是目的。比如锯子、刨子、凿子是工具，是用来做桌子一类东西的。我们说语言是一种工具，就个人说，是想心思的工具，是表达思想的工具，就人与人之间说，是交际和交流思想的工具。思想和语言的关系是很密切的，一般说来，想心思得靠语言来想，不能凭空想。固然，绘画、音乐、舞蹈表达思想内容是不凭借语言的，绘画凭借线条和色彩，音乐凭借声音和旋律，舞蹈凭借动作和姿态，可是除了这些以外，表达思想都要依靠语言。

就学习语文来说，思想是一方面，表达思想内容的工具又是一方面。工具有好有坏，有的是锋利的，有的是迟钝的，有的合用，有的不合用，这是一方面。思想也有好有坏，有的是正确的，有的是错误的，有的很周密、深刻，有的很粗糙、浮浅，这又是一方面。学习语文，这两方面都要正确对待。有些人，而且是不少的人，对待这两方面不够正确。

有些人认为，只要思想内容好，用来表达的语言好不好无所谓。有些人甚至认为语文是雕虫小技，细枝末节，不必多注意。既然这样，看书无妨随随便便，写文章无妨随随便便。文章写出来半通不通不以为不对，反而认为只要思想内容好，写得差些没有关系。实际上，看书，马马虎虎地看，书上的语言还不甚了然，怎么能真正理解书的内容？写文章，马马虎虎地写，用词不当，语句不通，怎么能说思想内容好？文章写不通，主要由于没想通，半通不通的文章就反映半通不通的思想。

有些人认为只要学好了语文，思想内容的问题也会随之解决，因而就想专在字词语句方面下功夫，这个想法也不对。有人写工作总结写不好，写调查研究的报告写不好，认为这只是"写"的问题。学好了语文，工作总结和调查报告是不是一定写得好？不见得。写工作总结必须参加了某项工作，对这一项工作比较全面地了解，知道这一项工作的优点和缺点，经验和教训，加上语文程度又不错，这才能写。写调查报告也一样，一定要切切实实地进行调查，材料既要充分又要有选择，还要恰当地安排，才能写好。

这样说起来，要写好工作总结和调查报告，既要在语文方面下功夫，也要在实践方面下功夫。两方面的功夫都要认真地做，切实地做。

学语文为的是用，就是所谓"学以致用"。经过学习，读书比以前读得透彻，写文章比以前写得通顺，从而有利于自己所从事的工作，这才算达到学习语文的目的。进一步说，学习语文还可以养成思想精密的习惯，理解人家的意思理解得透彻，表达自己的意思表达得准确；还有培养品德的好处，如培养严肃认真、一丝不苟的态度等。

这样看来，学习语文的意义更大了，对于做工作和培养品德都有好处。

三、学习语文不能要求速成

我常常接到这样的信，信上说"我很想学语文，希望你来封信说说怎样学"。意思是，去一封回信，他一看，就能学好语文了。又常常有这样的请求，要我谈谈写作的方法。我谈了，谈了三个钟头。有的人在散会的时候说："今天听到的很解决问题。"解决问题哪有这么容易？哪有这么快？希望快，希望马上学到手，这种心情可以理解；可是学习不可能速成，不可能画一道符，吞下去就会了。学习是急不来的。为什么？学习语文目的在运用，就要养成运用语文的好习惯。凡是习惯都不是几天工夫能够养成的。比方学游泳，先看看讲游泳的书，什么蛙式、自由式，都知道了。可是光看书不下水不行，得下水。初下水的时候很勉强，一次勉强，两次勉强，勉强浮起来了，一个不当心又沉了下去。要到勉强阶段过去了，不用再想手该怎么样，脚该怎么样，自然而然能浮在水面上，能往前游,这才叫养成了习惯。学语文也是这样,也要养成习惯才行。习惯是从实践里养成的,知道一点做一点,知道几点做几点,积累起来,各方面都养成习惯,而且全是好习惯,就差不多了。举个最简单的例子,写完一句话要加个句号,谁都知道,一年级小学生也知道。但是偏偏有人就不这么办。知道是知道了,就是没养成习惯。

一定要把知识跟实践结合起来,实践越多,知道得越真切,知道得越真切,越能起指导实践的作用。不断学,不断练,才能养成好习惯,才能真正得到本领。

有人说,某人"一目十行",眼睛一扫就是十行。有人说,某人"倚马万言",靠在马旁边拿起笔来一下子就写了一万个字。读得快,写得快,都了不起。一目十行是说读书很熟练,不是说读书马马虎虎;倚马万言是说写得又快又好,不是说乱写一气,胡诌不通的文章。这两种本领都是勤学苦练的结果。

要学好语文就得下功夫。开头不免有点勉强,不断练,练的功夫到家了,才能得心应手,心里明白,手头纯熟。离开多练,想得到秘诀,一下子把语文学好,是办不到的。想靠看一封回信,听一回讲演,就解决问题,是办不到的。

　　有好习惯，也有坏习惯。好习惯养成了，一辈子受用；坏习惯养成了，一辈子吃它的亏，想改也不容易。比如现在学校里不少学生写的错别字很多，学校提出要纠正错别字，要消灭错别字。错别字怎么来的呢？不会写正确的形体吗？不见得。有的人写错别字成了习惯，别人告诉了他，他也知道错，可是下次一提笔还是错了。最好是开头就不要错，错了经别人指出，就勉强一下自己，硬要注意改正。比方"自己"的"己"和"已经"的"已"搞不清楚，那就下点儿功夫记它一记，随时提高警惕，直到不留心也不会错才罢休。

四、学习语文要练基本功

　　学习语文要练基本功。写一篇文章，就语文方面讲，用一个字，用一个词，写一个句子，点一个标点，以及全篇的结构组织，全篇的加工修改，这些方面都要做到家才算好。这些方面都得下功夫，都得养成好的习惯。这样，写起文章来就很自由，就没有障碍，能够从心所欲。培养这些方面的能力，使之养成好的习惯，就叫练基本功。

一出戏要唱工做工都好是不容易的。最近我看周信芳、于连泉（筱翠花）几位总结他们表演艺术经验的书，讲一个动作如何做，一句唱词如何唱，都有很多道理。道理不是嘴上说说的，是从实践里归结出来的。我们学习语文，看文章写文章也能达到他们这样程度，就差不多了。学戏的开始，不是从整出的戏入手的，一定要练基本功，唱腔、道白、身段、眼神，一举手，一投足，都要严格训练，一丝不苟。起初当然勉强，后来逐渐熟练，表演出来就都合乎规矩，然后再学一出一出的戏。学绘画，要先练习写生，画茶杯，画花瓶，进一步练速写，这些都是基本功。学音乐、舞蹈也一样，都要练基本功。木工做一张桌子也不简单，锯子、刨子和凿子，使用要熟练，要有使用这些工具的好习惯，桌子才做得合规格。总之，无论学什么，练基本功是很重要的。

学语文的基本功是什么？大体上说有以下几方面。

第一，识字写字。同志们可能想，谁还不识字，这个功夫没有什么可练的。可是一个字往往有几个意义，几种用法,要知道得多些,个个字掌握得恰当,识字方面还得下功夫。比如"弃甲曳兵而走",这是《孟子》上的一句话。小学生可能不认识"曳"字,其余都是认识的。可是小学生只学过"放弃""抛弃"等词,没用过单用的"弃"字。至于"甲"知道是"甲、乙"的"甲","兵"知道是"骑兵""伞兵"的"兵","走"知道是"走路"的"走"。他们不知道"甲"是古代的军装,"兵"在古代语言中是武器,古人说"走",现代人说"逃跑"。"曳"这个字现代不用了,只说"拖"。"而"字在现代语言中是有的,如"为……而奋斗""为某人的健康而干杯",可是按照"弃甲曳兵而走"这句话的意思,"而"字就用不着了。用现代话说,这句话就是"丢了铠甲拖着武器逃跑"。到高中程度,识字当然要比小学比初中更进一步,对某些字知道更多的意义和用法。中国字太多,太复杂,谁也不能夸口说念字不会念错。字要念得正确,不要念别字。这也是识字方面应该下的功夫。

写字,也要下些功夫。不一定要去买什么碑帖,天天临它几小时,这不需要;可是字怎么写,总要有个规矩。写下的字是让人家看的,不要使人家看不清楚,看得很吃力。有时候我接到些信,字写得不清楚,要看好些时间,看得很吃力。不要自己乱造字,简化字有一定的规范,不要只管自己容易写,不管别人难于认。字要写得正确,一笔一画,都辨得很明白;还要写得熟练,如果写一个字要想三分钟,这怎么能适应需要?要把字写得正确熟练,这就是基本功。

第二,用字用词。用词怎么用得正确、贴切,需要比较一些词的细微的区别,这是很要紧的。比如与"密"字配合的,有"精密""严密""周密"等词,粗粗看来,好像差不多,要细细辨别,才辨得出彼此的差别。"精密"和"周密"有何不同,"精密"该用在何处,"周密"该用在何处,都要仔细想一想。想过了,用起来就有分寸。如果平时不下功夫,就不知道用哪一个才合适。

用词还有个搭配的问题。比方"成绩",可以说"取得成绩""做出成绩",如果说"造出成绩"就不对了。前边的词和后边的词,有配得上的,有配不上的,把不相配合的硬配在一起,就不行。所以用词也是基本功,无论阅读或是写作都要注意。

第三,写句子。句是由许多词组成的,许多词当中有主要的部分和附加的部分。读句子，写句子，一方面要抓住它的主要部分，要认清它的附加部分，另一方面要辨明附加部分和主要部分是什么关系。读一句话，写一句话，要能马上抓住主要的部分，能弄清楚其他的部分与主要的部分的关系，这就是基本功。长句子尤其要注意。有些文章像看得懂，又像看不懂，原因之一怕就是弄不清楚长句子的各个组成部分。

读文章，写文章，最好不要光用眼睛看，光凭手写，还要用嘴念。读人家的东西，念出来，比光看容易吸收。有感情的文章，念几遍就更容易领会。自己写了东西也要念，遇到念来不顺的地方，就要改。好的文章，要多读，读到能背。一边想，一边读，有好处。这好处就是自己脑子里的想法好像跟作者的想法合在一起了，自己的想法和语言运用能力就从而提高不少。长的文章可以挑出精彩的段落来多读，读到能背。读的时候不要勉强做作，要读得自然流畅，大家不妨试试。

第四，文章结构。看整篇文章，要看明白作者的思路。思想是有一条路的，一句一句，一段一段，都是有路的，这条路，好文章的作者是决不乱走的。看一篇文章，要看它怎样开头的,怎样写下去的,跟着它走,并且要理解它为什么这样走。比如一篇议论文,开始提出问题,然后从几个方面来说,而着重说的是某一个方面,其余几个方面只说了一点。为什么要这样安排呢?一定是有道理的。读的时候就得揣摩这个道理。再往细处说,第二句和头一句是怎样连接的,第三句和第二句又是怎样连接的;第二段和第一段有什么关系,第三段和第二段又有什么关系,诸如此类,都要搞清楚。这些就叫基本功。练,就是练这个功夫。

总起来一句话,许多基本功,都要从多读多写来练。读人家的文章,要学习别人运用语言的好习惯。自己写文章,要养成自己运用语言的好习惯。要多读,才能广泛地吸取。还要多写,越写越熟,到后来才能从心所欲。有人写了文章,自己不改,却对别人说:"费你的心改一改吧。"自己写了就算,不看不改,叫别人改,以为这就过得去,哪有这么容易的事!

写之前,要多想想,不要动笔就写。想得差不多了,有了个轮廓了,可以拟个提纲。提纲可以写在纸上,也可以记在脑子里。总之,想得差不多了再写。写好以后,念它几遍，至少两三遍，念给自己听，或者念给朋友听。凡是不通的地方，有废话的地方，用词不当的地方，大致可以听出来。总之，要多念多改，作文的进步才快。请别人改，别人可能改得不怎么仔细，或者别人改的道理自己不明白，这就没有多大好处。当然，别人改得仔细，自己又能精心领会，那就很有好处。

五、认真不认真，是学得好不好的关键

希望学得好，先要有个认真的态度。看书，不能很快地那么一翻；看文章，不能眼睛一扫了事，这是囫囵吞枣；写文章，不能想都不想，动笔就写，写完了自己又懒得改。这些都是不认真的态度。如果这样，一定学不好。某个中学举行过一次测验，有一道题里学生需用"胡同"这个词，竟有不少学生把极容易的"同"字写错了。从这件事可以看出学习态度不认真。这应该由老师负责，老师没有用种种办法养成学生认真的习惯。大事情是由无数小事情加起来的，小事情不注意，而大事情却能注意，这是不能令人相信的。

有的人写了文章，别人给他指出某处是思想认识的错误，某处是语言文字上的错误，他笑了笑就算了，这也是不认真的态度的表现。写个请假条，写封信，也要注意。无论读或是写，都不能马虎。马虎是认真的反面。马虎的风气在学校里和机关里都有，要想办法改变这种坏风气。

有的老师有的家长往往说，某某孩子两天就看完了一部长篇小说，真了不起。我认为这不好。很大的一本书两天就看完，可能只看见些影子，只记得几个人名，别的恐怕很难领悟。这样的读书法是不该提倡的。先要认真读，有了认真读的习惯，然后再求读得快。

一句话，希望诸位认真自学。在这里听到的，只能给诸位一些启发，一些帮助，重要的还在自己学习。而且这里所讲的也不一定全盘接受，要自己认真想过，认为讲得有道理的，才接受。

1962 年 10 月发表

> 学校教育的目的就在于使学生养成正确的人生观。

第二章

千学万学,学做真人

生命和小皮箱

空袭警报传来的时候,许多人匆匆忙忙跑到避难室防空壕里去。其中有些人,手里提着一只小皮箱。小皮箱里盛的什么?不问可知是金银财物证券契据之类,总之是值钱的东西,可以活命的东西。生命保全了,要是可以活命的东西保不住,还是不得活命。带在身边,那就生命和可以活命的东西"两全"了。这样想法原是人情之常,无可非议。

我现在想猜度各人对生命和小皮箱的观念。

也许作这样想吧——既已有了生命,别的且不管,生命总得保住,直到事实上再也不能保住的一瞬间。敌人的轰炸机来了,当前有避难室防空壕,当然要躲到里头去,因为这是保住生命惟一的办法。待听到了一声拖得很长的解除警报,走出避难室防空壕一看,假如满眼是坍毁了的房屋,翻了身的田园,七零八落的肢体,不免点头自慰,生命过了一道难关了。其时看看手里的小皮箱,好好的,没有裂开一道缝,更不免暗自庆幸。有这个小皮箱在,那么一个地下室毁了还有别的地下室,一个防空壕炸了还有别的防空壕,敌人炸到东边,自己可以逃到西边,旅馆总有得住,馆子里的饭菜总有得吃。有得住又有得吃,不是生命仍然可以保住吗?

也许作这样想吧——自己的生命是与别人的生命有关联的,自己的小皮箱是与别人的小皮箱"休戚与共"的。仅仅想保住自己的生命,生命难保;仅仅想依靠自己的小皮箱,小皮箱毫无用处。因此,要保住生命就得推广开来保住"四万万同胞"的生命,要依靠小皮箱就得推广开来依靠整个中华国土这个其大无比的小皮箱。(整个中华国土不是我们的小皮箱吗?)敌人的轰炸机来了,当前有避难室防空壕,自然要往里头躲,血肉之躯拼不过炸弹,这是常识。手头有个小皮箱,自然不妨提着走,化为灰屑究竟是可惜的。但是在听到一声拖得很长的解除警报之后,见到自己的生命和小皮箱都还存在,并不觉得有什么可以安慰庆幸之处，只觉得一种责任感压在心头，非立刻再去操心思，流血汗，干那保住大众的生命，守护其大无比的小皮箱的工作不可。

　　我只能猜度，不能发掘人家的心。重庆人口头惯说"要得""要不得"，提着小皮箱跑进避难室防空壕的人不妨问问自己：哪一种想头"要得"，哪一种"要不得"？还不妨问问自己：自己的想头属于哪一种？

1938年2月28日发表

受言

立言的人不宜说什么"不以人废言"。如果说了,多少带一点回护自己的意味;仿佛说:"我能说不能行,固然不行,可是我的话究竟是好话,何妨听一听呢?"这样回护自己,可能的反响是人家回答说:"我不爱听徒然的好话。"

但是,受言的人却不应该忘记了"不以人废言"。听受的是话,话惟求其合于事理,切于实际,什么人说的都一样。如果在合于事理切于实际以外,更要看一看那说话人的面孔,或者想一想那说话人的名字,才决定自己的爱憎取舍,那么可以听受的话就减少了,吃亏的当然是自己。

至于在听受了人家的话之后,却转弯抹角地想:这个话别有背景吧？含着什么作用吧？这样神经过敏的人，实际是一句话也听受不进去的。他不知道一句话即使别有背景，即使含着什么作用，只要它本身不错，是无妨取它的本身的。而且，天下哪有"无所为而为"的语言文字呢？像他那样在话的本身以外根究到背景和作用，好像惟有"无所为而为"的语言文字才配他听受，那只好永远和人家的思维考虑断绝交通了。

受言的人的最消极的态度，是置之不理，所谓"听者藐藐"。演说场中，会议席上，发言者或则激昂慷慨，或则宛委详尽，总之竭尽了可能的力量。可是在座的人眼光不注在发言者身上，却咬着指甲闲看墙壁或天花板，有时再来一个呵欠；发言者说到精彩处，不给他鼓一下掌，主席请大家对某君的话发表意见，也并不见有一个人开口。这样"听者藐藐"的情形，差不多常常可以遇到。到此地步，听演说和参加会议只成为不得不敷衍的苦事，而演说和会议之毫无成效，也是当然的了。

抗战以来，发表的语言可以说车载斗量了。假如听受的人想到这些话是最亲密的自国人在商量最艰难最重大的切身事，都认认真真地听受，情形就和现在不一样了。所谓认认真真地听受，就是在合于事理切于实际以外不再问旁的，只要是合于事理的切于实际的，都接受了见于实践。那么，知道"出力出钱"的标语并非虚语，力和钱就聚集起来了；知道政事赶不上军事的话说得有理，政事的改善就迅速地实现了。而现在并不然，可见受言的人还得修养，还得有所改变。

1938年8月15日发表

人生观

人生观虽是个不常挂在一般人口头的名词，可是每个人有他的人生观。求田问舍，成名立业，为社会造幸福，为学术界开辟新天地，痛痛快快享受一辈子，辛辛苦苦修炼灵魂的永生，都是一种人生观。若要一一开列，恐怕写满了十张纸还是有遗漏的。

自从咱们和日本打了仗，我就这么觉着，人生观的不同，虽也"各如其面"，可是从今为始，咱们人生观一致了，彼此认定的是相同的一个，就是抗战建国。这并非政府的文告改变了咱们的思想，也并非咱们贪那"爱国"的美名，故意与大家一致，实在因为那是咱们目前惟一的基本的人生观。如果不对准抗战建国下功夫，求田问舍可能吗？成名立业可能吗？就是修炼灵魂的永生的宗教徒，来世的福利还没有把握,现世的生活却已同于牛马奴隶,不是非常难受的事情吗?这样想时,大家自然而然地趋于一致了。

人生观或是自觉的,或是不自觉的,都必然在行动中表现出来。将士们在前线浴血苦战。运输工人在日本飞机的威胁之下,淌着汗运送军械和货物。征调而来的民工在险峻的山地凿公路,在湍急的河滩开航道。矿工像蚂蚁一样,这里一群,那里一伙,一粒泥一粒泥似的把蕴蓄着的地利衔出来。学校师生聚集在破庙宇破祠堂里,不管设备怎样简陋,只是往知识和技术的高处爬,深处钻。在这些人的心里,不一定想着人生观的名词,然而他们这样做,不是表现了那个惟一的基本的人生观吗?

再从另一方面说。在战地,无情的炮火,残酷的敌人,叫咱们受着家破人亡的痛苦;在后方,敌人飞机的轰炸,生活费用的增高,也叫咱们毁了家产,死了亲人,感着不安和困顿,不能够好好儿过日子。这些都是战争引起的,依理应该怨恨到战争了。但是咱们中间,怨恨这一回抗战,说"如果不要抗战多好呢"的人,竟没有一个!非但嘴上不说,而且心里也不想;仿佛这么想了,就要受良心的责备似的。这可见咱们都认这一回抗战是天经地义，为了它，即使受着顶重大的牺牲，也不该怨恨。这是前面所说那种人生观的消极的表现。

咱们有这样的一致，敌人却没有。咱们非抗战建国，就一切都谈不上，推究到根源，自然而然公认抗战建国为咱们的人生观。难道所有日本人也和咱们一样，非抱着侵略立国的人生观不可吗？他们只要想，不来侵略咱们，原可以好好地做他们的人，过他们的日子，就觉得侵略立国

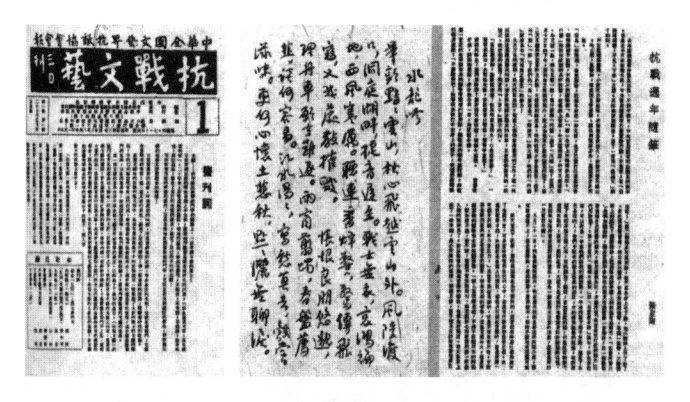

《抗战文艺》发刊词和叶圣陶发表的随笔。抗战时期，叶圣陶一家来到重庆，生活十分艰辛，但他一刻也没有忘记血肉模糊的战场。他一到重庆就帮助谢冰莹创办重庆《新民报》副刊《血潮》，宣传抗日；又担任《抗战文艺》编委；还和茅盾、宋云彬、楼适夷等一起创办了《少年先锋》杂志，鼓励青少年在抗战中尽自己的责任，多做抗战工作。

对于他们毫无意义了。他们在战场上，想家，受咱们的攻击，到非常痛苦无聊的时候，必然闪出一个念头：这究竟为的什么呢？当咱们的子弹打中了他们的身体，他们踏在生死交界线上的时候，也必然闪出一个念头：这究竟为的什么呢？在国内，儿子或是丈夫被征调了，事业衰落甚至于停顿了，生活费用增高到不能支持了，那时候，都必然闪出一个念头：这究竟为的什么呢？每一个"这究竟为的什么呢"都是对于侵略立国的否定。懦弱一点的只把它闷在心里，勇敢一点的就起来反战了。

要推断咱们和日本谁胜谁败，这关于人生观的一点是不该忽略的。

1940年3月12日作

五足年了

本志这一期出版的时候，我国的反侵略战争延续了五足年了。在这五足年之中，局势的演变如何，今后的归趋如何，本期中另有文字谈到，这里不多说。这里要说的，这五足年的期间，有许多青年是长成了：那长成不但在体魄上，尤其重要的，在意识上和实践上。可是，也有许多青年在一阵愤慨和兴奋之后，逐渐松懈下来，至于只顾到个己的目前，差不多忘记了我国和敌人正进行着你死我活的斗争。如果所有青年乃至所有非青年，都在这五足年间，意识上和实践上得到长成，那前途准是光明的，毫无问题。可惜事实上不尽然：竟有这么些人，面对着时代的教训，没有什么理会，甚至受了负面的影响，走上颓唐和自杀的路子；那就不容乐观了。

不要说社会国家的大事不是一个人管得了的。要知道单靠一个人，诚然管不了社会国家的大事；但凡是事总得有人管，无数一个人都来管，就是"大"事也管得了了。我是无数一个人中间的一个，如果抽身出来，总数里就少了我一个；如果多数人都像我一样，抽身出来，那就连些微的小事也管不了，莫说社会国家的大事。

并且，如今摆在咱们面前的真是一件人人有份的大事。咱们管不了这件大事，结果是国家民族的覆亡。国家民族的覆亡不是一个空口吓人的说法，那是直接影响咱们每一个人的生活的；将使咱们的物质生活贫乏到极点，将使幸福的合理的生活成为永难实现的梦。即使不从大范围着想，个人愿意并且能够忍受这些个吗？那当然谁也不愿意并且不能够的。既然不愿意并且不能够，就得管摆在咱们面前的这件大事，没有一个人可以在例外。咱们非把这件大事办好不可；换句话说，对于侵略主义的敌人，非战胜他们不可。咱们要有战胜的信念，要有与信念配合的各项实践。

实践的首要一项是充实个己。认识不明，操行不谨，技术不精，工作不勤，都属于不充实的一方面；因为这样的人，他的生活像个空虚的袋子，内容没有什么。他也就是并不热爱生活的人。幸福的合理的生活，在他似乎也无所企羡。咱们如果热爱生活，以幸福的合理的生活为目标，自当反其道而行之，力求个己的充实。在认识上，在操行上，在技术上，在工作上，都注重于基本训练，务期足以肆应一切，这是到达充实的路。能够肆应一切，自然也管得了摆在面前的这件大事，实现得了怀在心头的这个信念。

莫要推诿说环境不良。环境良不良，当然要认识清楚；但是，即使不良的话，决没有理由说，就此可以不必求个己的充实。环境不良，须要把它改变：个己不充实，怎么能把它改变？

莫要一味的责备别人。在责备别人之前，先得省察个己是否已经充实了？是否没有可受责备之处？如果答案是否定的，力求充实个己尚恐来不及，哪有闲暇去责备别人？

要考查力求充实的有效与否，可用下面的话作为测验题目，就是：在我国抗战建国的今日，在我国与同盟国家扑灭侵略主义准备建立世界新秩序的今日，我的认识、操行、技术、工作，能够与时代配合，有一点儿（哪怕是最微小的一点儿）的推进作用吗？

　　充实个己原是任何时代的人都该做的，可是，在今日才更其重要并且必需。希望大家于此用力，即使从今日开始，开始了总算不嫌迟。并且希望，用上面的测验题目考查的时候，大家的成绩都是优良的。

　　　　　　　　　　1942年6月21日作

说话与听话

我常常想,说话的人跟听话的人不宜取同样的态度。咱们经常有许多的话,在口头说着,在笔下写出,说过写过就像浮云过太空,不留一些痕迹,不发生一些影响,就因为说话的人取了听话的人的态度,或者听话的人取了说话的人的态度。

说话的人的态度该是"有诸己而后求诸人"。自己也信不过的话,挂在口头说一阵,多么无聊。没有话勉强要说话,想着浪费了的精力就觉得可惜,还不如默尔而息合乎保养之道。尤其是"求诸人"的话,如果"无诸己",内里空虚别扭,说出来怎么会充实圆融?而且说到要人家怎样怎样的时候,想着自己并没有怎样怎样,脸上就禁不住一阵的红,这一阵脸红比较挨人家的骂还要厉害,又怎么受得了!

听话的人的态度该是"不以人废言",说话那个人的出身如何,私德如何,何必问他?你又不跟他交朋友,攀亲眷。你就话论话就是了;话没有道理,当然不用听他,如果有道理,尽可以毫不疑虑地照单全收。他的话或许别有动机跟作用,那倒要辨认明白的。可是,别有动机跟作用的话并不等于不值得采纳的话;如果话的本身有道理,你只要辨认出他的动机跟作用,就可以单受他的好影响而不受他的坏影响。

说话的人时时希望人家"不以人废言",诚实的,充实圆融的,具有压迫人家的力量的话就难得听见了。听话的人随时用"有诸己而后求诸人"的尺度来衡量人家的话,就觉得这也不对,那也不合,世间很少有值得采纳的话了。现在咱们似乎就在这样的情形之中,所以说话很多,实效很少。如果说话的人跟听话的人彼此把态度改变一下,我想,话可以少说许多,而实效可要比现在多得多。

1943年6月5日作

慰念贫病作家

国人一般的健康水平本来就不高，作家们因为用脑子，少运动，营养欠良好，忧国怀乡的感情比一般人敏锐强烈，身体更坏。这个情形，战前已经很严重，到了抗战的第八个年头，简直成了岌岌不可终日的亟待解决的问题。

用善意关怀我们的英美友人都觉得这个问题的严重。他们认为，一个国家的盛衰，国运的隆替，都系于中上层的知识分子。在中国，因为文盲特多，公职人员和自由职业者（包括工程师、会计师、律师、记者等）对于国家的贡献和影响尤其大；现在除了极少数的例外，都已经憔悴，消瘦，生病，甚至于死亡。说得具体一点，专靠薪金过日子，而又没有枉法经商、旁行斜上的正常阶层，都已经挣扎得很吃力，油干灯熄，等待着那个并不遥远的末日。从他们本身来说，容或是求仁得仁，不以未发国难财而引为遗恨；从国家的立场来看，这个损失未免太大，情况也实在太可虑了。

贫病作家也是这些人当中的一部分，敬重他们，安慰他们，给予物质的精神的帮助，当然是无可非议的。援助贫病作家的运动，行将继重庆之后，在成都开展，我们除了无条件地赞同以外，还想贡献两点平凡的意见。

援助他们，是出自我们良心的呼吁，他们并没有请求，不可有丝毫施舍怜悯的念头杂乎其间。其次，援助他们的责任，应该由全社会负责，达官大贾，尤其应该特别出力。专靠小贫小病的作家去援助大贫已病的作家是绝对不够的。除了心里的疙瘩，不存在一个做善事的念头，然后向广大社会大声疾呼，普遍深入，才有成功的希望。

1944年8月2日作

暴露

暴露，我不知道为什么要不得。

通常说的暴露，该不与揭发隐私、攻击个人同其意义。至少在文艺家的心目中，他设想的对象是整个的社会，社会若有什么毛病，经他看出来了，他就像医师发现了人体的毛病一样，不能不宣告出来。这就是暴露。在宣告出来的当儿，他也许连带提供治疗的方案，也许只指出毛病的迹象和根源，让大家来研讨治疗的方案。无论如何，他的暴露是存着一腔悲天悯人的心肠的。

《诗序》解释"风"字说，"言之者无罪，闻之者足以戒"，我以为正好移作暴露的解释。就动机而言，或者就后果而言，暴露都不犯刑法上的罪名。这是所谓"言之者无罪"。暴露出来的那个毛病，犯着的也许是我，也许是你,也许是咱们一伙儿。不知道有毛病,当然不着急,谁听说有毛病,谁就会提起神来,想尽种种方法,务必去掉那毛病。这是所谓"闻之者足以戒"。

刚强磊落的人如果犯了什么毛病,该不怕暴露,因为他惟恐自己有毛病,暴露正可以使他迁善改过。"子路,人告之以有过则喜"(见《孟子·公孙丑上》),就是为此。民胞物与的人自己不犯什么毛病,就也不会厌恶人家的暴露,因为他有己溺己饥的胸襟,从人家的暴露中间,他可以知道那"溺"与"饥"的底细,当然只有欢迎,不会厌恶。我们读了历代的描绘时弊的好作品,不免慨然深念,也可以算个例证。虽然我们不至于这样狂妄,便自认为民胞物与的人。

厌恶暴露的人似乎可以推阿Q作代表。阿Q头皮上有几处癞疮疤,当然是缺点,可是没法掩盖,他就发明了个"讳"字诀:"讳说'癞'以及一切近于'赖'的音,后来推而广之,'光'也讳,'亮'也讳,再后来,连'灯''烛'都讳了。一犯讳,不问有心与无心,阿Q便全疤通红的发起怒来,估量了对手,口讷的他便骂,气力小的他便打。"一切厌恶暴露的人的手段离不了阿Q的方式,讳，对于犯讳的骂或者打。

代阿Q设想，你嫌头皮上癞疮疤难看，就该去找美容院的技师想办法，或者换上一块头皮，或者栽上一些头发。你不这么干，即使"讳"字诀克奏全功，可是癞疮疤依然存在，未庄的人谁看不见？

遏止了暴露，就以为天下太平，社会美满，那是愚人的想头。杨震回答纳贿的对手道："天知，神知，我知，子知，何谓无知？"（《后汉书·杨震传》）这个话最为通达，其意就是俗语说的"若要人不知，除非己莫为"。暴露的文字和言语可以遏止，可是事实既经成立，就不容抹掉，也就无法叫人不知道。事实本身的存在就是一种最有力的暴露。

至于文艺家，他并不是新闻记者，他的责任原不在报告事实的种种迹象。不过他看见了不如意的种种迹象，因他的理解与怀抱，不由不悲天悯人，由近思远。于是取其精华，去其糟粕，把他观察所得用文艺形式表达出来。虽然厌恶他的人就将跳起来说："这是暴露啊！要不得！"或者更用什么力量来遏止，他却宁可惹人家的厌恶，在遏止得最凶的时候宁可搁笔，决不肯违心地说些吉祥言语，讨人家的喜欢。假如违心地说些吉祥言语,讨人家的喜欢,他就是清客,是帮闲,不成其为文艺家了。

真正到了天下太平,社会美满的时候,表现在文艺家笔下的自然气象全异。但在从现实的迹象取精去粕,用文艺形式表达出来这一点上,还是没有两样。依广义而言,那也未尝不可以叫作暴露。

粗浅地打个比喻,暴露犹如镜子的现形。是美是丑,在乎事物本身,不关乎镜子。

暴露,我不知道为什么要不得。

1944年8月4日作

冲破那寂静

一片可怕的寂静。

寂静为什么可怕？因为寂静邻于死亡，有时候也许就是死亡。身体死亡了，在尸躯本身无所谓可怕；看见尸躯的人也许觉得可怕，然而这只是原始的恐惧心理，仔细一想，也就没有什么可怕。惟有身体机能还存在，而精神已经死亡了，才是真正的可怕。说他死亡，明明没有死亡；吃啊喝啊，一切照常。说他没有死亡，又明明死亡了；活着而不知道为什么活着，该怎么活着，一切没有根，没有源，只是飘飘浮浮的，像个虚幻的影子。这种不死亡的死亡，如果本人觉察出来了，势必大叫起来："我成个什么东西了！还算个人不算！"他叫出这两句，那可怕的程度就可以想见。在旁人看来，只见他是个行尸走肉，有人之名,无人之实。如果人间多的是这样的人,那还成什么人间?这么想下去,不由你不害怕起来。

一片可怕的寂静。

那寂静就是死亡吗?

得不到个回答,只遇见个寂静,可怕的情绪是只会增高,不会消除的。

幸而回答来了。

在某一个集会上,青年人当着中年人老年人慷慨地说:"我们青年人并没有忘了我们该做的事儿。你们中年的老年的先生们肯说肯干,我们与你们是一伙儿。"

在某一处地方,青年人把积蓄在心头的种种问题写了出来,说了出来,邀请许多先生进来共同讨论,求个解答。那一天热烈的情况,据说最近若干年间是仅见的。

还有些谈话的片段。青年人说:"我们并没有消沉,您不能只看外表。"青年人说:"我们明白什么是什么,挂羊头,卖狗肉,对于我们不发生影响。"青年人说:"我们知道有所为,也知道有所不为。您不留意,自然看不出,请从今为始,留意看我们的。"

还有其他。可见那寂静不是死亡。那只是动物在蛰伏时期似的一种状态。动物经过了蛰伏时期，不是要起来飞翔、奔驰、跳跃，在世间各自演出一场生动活泼的戏吗？不是死亡，绝对不是死亡，所以并不可怕。到将来起来飞翔、奔驰、跳跃的时候，更将使人们欢欣鼓舞，喜不可支。

动物从蛰伏到飞翔、奔驰、跳跃，由于季节的改换。青年人在寂静了一阵子之后，旧的季节过去了，新的季节到来了，也就会冲破那寂静，起来飞翔、奔驰、跳跃。如今，寂静达到了它的最高限度，可以说旧的季节即将过去，时势等待着青年人起来飞翔、奔驰、跳跃，可以说新的季节即将到来。青年人啊！起来飞翔吧！奔驰吧！跳跃吧！以往你们的寂静不是死亡，凭你们的真诚，没有人不

抗战前的叶圣陶。

相信。今后你们冲破那寂静，起来飞翔、奔驰、跳跃，更将给人个真凭实据，使人硬要不相信而不可得。

动物从蛰伏状态中起来的时候，也许会遇到一阵寒冷、一阵风暴，因而受到伤害。同样情形，冲破寂静的青年人将会遇到一阵寒冷、一阵风暴。人间的季节是比自然的季节更多变幻的。可是青年人并不顾虑这个，就是伤害等候在面前也不顾虑。因为青年人有所信。没有什么东西比"信"更坚强的。此时此地必须行我所信，那就刀锯汤镬有所不避。

说到"信"，细说起来虽有多端，简要说来不过一项。一切思维行动以大众幸福为本位，那是要得的，值得拥护的，应该身体力行的。反过来，一切思维行动不以大众幸福为本位，甚至要牺牲大众幸福，那是要不得的，必须排斥的，应该加以扫荡的。就是这么一项。青年人就信这么一项。

没有这项信念的，即使年纪轻轻，油头光脸，实际上算不得青年人。具有这项信念的，即使年迈力衰，头童齿豁，实际上依然是青年人。通常说青年、中年、老年，只从形貌上判别；若从精神上判别，就得丢开形貌，看他的信念。而前面所说的信念是与青年的世界相适应的。老年的世界将要消亡了,青年的世界正在成长。凡与青年的世界相适应的,才是真正的青年人,精神上的青年人。

真正的青年人啊!精神上的青年人啊!起来飞翔吧!奔驰吧!跳跃吧!

无视客观环境,当然不对。可是,把客观环境看得太严重,把一切责任往客观环境一推,也要不得。

如果客观环境一向就非常之好,也就不会有你们那一阵子的寂静,也就无须乎你们起来冲破那寂静。惟其客观环境不怎么好,甚至非常之不好,才有以往那样的寂静,以及如今的亟待冲破。能不能把客观环境改变过来,全看你们的冲破有没有力量。

"我们反对不顾一切客观条件的观念论的梦呓家,我们反对客观条件决定一切的机械论的懒惰汉。我们承认,一定限度的客观条件是精神活动的基础,但是我们必须指出,政治的发展和文化的发展不是两条平行的直线。不仅如此,在历史上,苦难往往是文化的诞生之母。在西方,古代文化开始于希伯来的先知,而那些灿若晨星的先知们的预言却正是在犹太国家空前的民族危机中产生的。近代文化开始于意大利的文艺复兴，而文艺复兴最伟大的先驱者但丁的一生，却是在放逐中度过的。在我们的历史中，也不乏光辉的先例。司马迁说，'文王拘而演《周易》，仲尼厄而作《春秋》，屈原放逐，乃赋《离骚》，左丘失明，厥有《国语》'，正是同一的现象。"(《中原》第三期于潮先生作《方生未死之间》)

景慕往哲，固然是好。然而徒然景慕，实际上没有什么好。要紧的是拿出力量来，踏着往哲的道路，从苦难中争取前途的光明。

说到力量，说到争取，说到刀锯汤镬有所不避，那就不是知识方面的事，而是实践方面生活方面的事了。仅仅口头心头有个"信"，不济事。必须一切思维行动贯彻在那个"信"里，沉浸在那个"信"里，久而不渝，终身以之，才成。没有什么东西比它更坚强的"信"就是这样的"信"。

青年人啊！在冲破那寂静的当儿，你们该有这个准备。如果你们已经有这么个准备，那么，飞翔吧！奔驰吧！跳跃吧！

1944 年 10 月 26 日作

新年致辞

本期出版的时候，一个新的年头又开始了。新年里人们见了面，往往说些祝贺的话；虽然祝贺的意义很有高下雅俗的分别，有一点却是一致的，总之期望彼此都好，比过往的一年好。现在我们抱着忠恳的心意，本着彼此都好的期望，来说几句新年的话。

几年以来，咱们心头横亘着一个大题目，就是抗建；工作的时候想着他，游息的时候想着他，睡梦醒来，第一个在意识里显现的也是他。咱们时时刻刻想着这个大题目，并不在博得一声赞美，说咱们是爱国家；实在因为这个大题目关系着咱们各个人，同时关系着咱们全体，非打算好好交卷不可。抗建不成，一切无从说起，生存尚且保不住，再不用说什么发展。咱们不但要生存，并且要发展，自然不肯放松这个大题目——这是非常实际的、发于内心的迫切要求。

照现在的战争局势看，盟国的实力在突飞猛进之中，盟国的进攻在各个战场上顺利展开，侵略国家的败北与崩溃，已经是即将实现的事。虽说什么事情都一样，越到最后阶段越艰难，越要加紧努力，可是抗战的成功已经把握在咱们手里，那是无须怀疑的。而更为艰巨的建国大业，咱们是否也有了成功的把握，现在尤须问一问。抗建原不是各不相关的两件事儿，必须两方面都成功才真是成功；这一方面如果不成功，就把那一方面的成功也取消了。

抗建的成功都决定于人，而情形略有不同。就抗战说，虽然全面抗战的说法表示人人参加，实际上却有直接间接的分别。建国可不一样，人人都得直接参加，没有所谓间接的。人人直接参加，而且都表现得好，这才达到建国的成功；不然就不成功。咱们每人是人人之中的一个，不能不深自省察。

所谓建国，具体的说，就是把我国工业化、民治化。那些缺少的资本可以向人家借贷，那些必要而咱们所没有的资源器械可以向人家购买，那些效率很高的方法技术可以要求人家帮助；可是还有一层顶要紧的，咱们必须是工业化的人。这不仅是技术上的问题，同时也是德性上的问题；组织的强固不强固，服务的到家不到家，为公的彻底不彻底，在在都与德性有关。好的技术与好的德性凑在一块儿，才是真正工业化的人，才可以真正促进我国的工业化。至于促进民治化，同样的，顶要紧的是咱们必须是民治化的人；而所谓民治化的人的条件，尤其偏重在德性方面。

我们不敢像有些人那样干脆简捷的说，过去的农业社会与家庭中心的道德，如今完全要不得了，应该一笔钩销了。我们只想说，如今时势变了，仅仅守着那些传统，实嫌不够，必须求其超过。这是一点。所谓道德不是写在书上的文句，挂在口头的语言，必须是人人躬行实践的行为标准，才可以支撑一个社会，使他坚固强壮。在过去，道德是否如此普遍化，且不究问；而在今日，在人人直接参加建国大业的今日，那超过旧传统的道德却非普遍化不可。这又是一点。

求其超过也不是什么艰难的事。从前是只限于一个小范围，现在却要扩大开来，着眼在国家民族；再推而广之，要意识到整个世界，在庞大的世界秩序中做一个人。

1917年春季开学前,叶圣陶应吴宾若和王伯祥之邀,来到甪直镇吴县第五高等小学(简称"五高")任教。叶圣陶自编国文教材,教孩子们学写白话文,并重视将教学与社会实践活动相结合。他带领学生们在"五高"银杏旁开辟出一方"生生农场";为鼓励孩子们阅读,他捐款捐书,创办了"五高"的博览室和利群书店;他还建议"五高"建立音乐室、篆刻室、戏台……针对他所看到的当时教育存在的问题,叶圣陶的这些教育实践极有意义。

这与宋儒"民胞物与"的见解也差不多,不过宋儒走神秘主义的路子,教人不很容易捉摸;咱们如今就实际生活上,就政治、经济、文化各方面,只要肯想,就自然达到这种见解,自然形成咱们的新道德。

若问新道德的普遍化是否可能,那要看大家是否肯想,是否能想得透彻。肯想,就能想透彻,因为这其间并没有什么深理奥义；怕的是不肯想，不肯想又哪里会透彻？不肯想的原由可以有种种，总括起来，大概是见私不见公，见近不见远；守住了私的近的舍不得放手，私心造成的迷雾就把公的远的都遮掩了，一个人不肯想，他对不起自己，同时牵累了旁人。多数人不肯想，新道德就作不成社会的有力的支柱，建国大业就不会完全成功。

但是咱们知道，风气可以影响个人，个人也可以开创风气。惟恐新道德不能普遍化，每个有心人自当把开创风气的责任担在自己肩膀上。这并非说写一百篇文字，作一百回演讲，而是说随时躬行实践，表现成一个新道德的人。就个人说，这是最有把握的办法；就社会说，这样的人多了，风气也就建立起来了。

我们一向相信，多言无益；对于现时，尤其觉得言谈太多，实效太少。我们想望有这么一个时期，少看见噜噜苏苏的劝诱文字，少听见噜噜苏苏的劝诱演讲，大家只是静静默默认认真真的做人做事。让这个时期就从今年开始吧，愿与读者诸君共勉。

《中学生》1944年第71期

四个"有所"

有所爱,有所恶,有所为,有所不为。

四个"有所"联成一串儿。

兼爱是个理想。在还有善恶正邪的差别的时代,不能不"偏爱"那些善的正的。同时就得恶那些恶的邪的。若不恶那些恶的邪的,就是并没有爱那些善的正的。如果恶的一边恶得不强烈,也就是爱的一边爱得不深切。爱了恶了,只是意向方面的事儿,如果不发而为行为,与没有这些意向并无不同。所以要有所为。为,就是把爱的意向恶的意向发而为种种行为,在种种行为上表现出来。行为方面干得愈积极愈有劲儿,就是爱的意向愈深切,恶的意向愈强烈,而且,这才不枉有了这些意向,是真正有了这些意向。同时,凡是与这些意向违反的事儿自然不愿干,不屑干。当前是些所爱的人，却去欺侮他们，给他们吃些苦头，肯吗？明明是件所恶的勾当，却昧良违心地干去，肯吗？这就是有所不为。

所以说，四个"有所"联成一串儿。

行为决定于意向。意向，就是爱与恶，要求其得当，先得辨别善恶正邪，不至于错失。怎么才能不至于错失呢？

就人来说，无论善恶正邪，大家总喜欢自居于善的正的一边。譬如当今时代，革命算是善的正的了，不像前清末年那样算是反叛，要杀头，就谁都喜欢自居于革命的一边。跟人家不大合意的时候，不免想骂几句，就说人家不革命，或者反革命。这当儿，到底谁革命，谁不革命，谁反革命，不是好像很难辨别吗？

这不过好像很难而已，实际上并不难。所谓革命，无非要摧毁那些束缚人压迫人的制度，钳制那些欺侮人剥削人的人，使大家得以在自由平等的新天地中做人，过日子。这个说法假如没有错儿，那么，无论是谁，他口头嚷着革命没有用，他到底革不革命还得看他的行为来判断。如果他干的是摧毁和钳制这方面的事儿，同时对于建设自由平等的新天地尽一分力,他就是革命的。如果他袖起手来,既不干摧毁和钳制这方面的事儿,也不在建设那方面尽什么力,他就是不革命的。如果他非但不摧毁,还要拥护那些束缚人压迫人的制度,非但不钳制,还要亲自当个欺侮人剥削人的人,他就是反革命的。这不是很容易辨别吗?

以上就辨别人的善恶正邪而言。对于一切事物,也如此。

我们是人,辨别一切事物的善恶正邪,与辨别人的善恶正邪一样,也以人为根据。肠子里帮助消化的细菌是好的,病菌是不好的;足以发电的瀑布激流是好的,洪水险滩是不好的;帮助他人成功立业是好的,帮助他人为非作歹是不好的;说一句算一句是好的,信口开河,说谎欺人是不好的。诸如此类,无非就对于人的利害而言。

我们人又必须合群,离开了群就无所谓人生。所以利害不能单就个人看,要就许多许多人合成的群看。欺人,说谎,贪赃,枉法,囤积,高利贷,仗势霸占,把人当牛马,专制,独裁,诸如此类,对于干这些事儿的人是有利的,但是对于其他的人,人数或少或多,范围或小或大,总之是有害的，也就是对于群是有害的。因此之故，这些事儿都是不好的，应该归到恶的邪的一边去。交通发达，世界各地的距离越来越近，各地人物质上与精神上的联系越来越密切，这时候，群的范围不限于一个民族，一个国家，全世界的人就是一个大群。就对于大群的利害看，毫无疑义，侵略主义与法西斯主义应该归到恶的邪的一边去，即使是日本人或德国人，也应该把它归到恶的邪的一边去。自然，这不过举例而言。

有利于群，是好的；有害于群，是不好的。这个话虽嫌平凡而且抽象，却极扼要。据以辨别一切事物的善恶正邪，也就虽不中不远矣。

辨别既明，意向——就是爱与恶——自然不至于不得其当。意向得其当，发而为行为，自然不至于有多大错儿。

于是，有所爱，有所恶，有所为，有所不为。

1945年1月27日作

血和花

德明小姐主编《血花》副刊，嘱咐我写些文字，情不可却，可是没有什么可以写的。忽然想起何不就取"血花"二字，仿效从前人作诗钟的分咏格，把两个字分开来各写几句呢。主意想定，就拿起笔来。

抗战到了第八个年头，我国同胞的血流得多了，各个战场上士兵的血，各个敌后游击区爱国志士的血，各条公路铁路上，各个飞机场上男女老幼的民工的血，各处被轰炸的地方受难者的血，各处被占领的地方遭到杀伤者的血，并到一块儿来说"血流成渠""血汇成海"，未必是过分的形容。那些流光了血的是死了，死了就无知。那些没有流光的还留着残废的身体和衰弱的生命，当然有知。假定死了的也有知，那么凡是流了血的没有别的恨，只恨滥肆侵略的敌人，只恨不把人当人的法西斯主义，只恨破坏秩序、妨碍自由的国际强盗；同时他们没有别的爱，只爱与他们平等的许许多多的人，只爱真正的"四海皆兄弟"的那种思想，只爱和平康乐，物质上和精神上的享受都比以往好的那种社会秩序，这样的恨与爱是付出了血的代价的，决不是只在心头萦绕而已，他们将始终执著，强固地执著，假若死了有知的话，死了也还是强固地执著，至于个人生命的丧失，肢体的残废，那是比较不关重要的事，人谁不遇到衰病死亡，只要恨得到雪，爱得到抒，血就不是白流的，心头也就安然了。如果那些血真的汇流成渠，汇合成海，一定会掀起波涛，那波涛激动的调子一定会表现出前面说的那些意思。

其次说花。什么花呢？就是《棠棣之花》中聂嫈所唱的"我望你鲜红的血液，鲜红的血液，迸发成自由之花，开遍中华，开遍中华"的自由之花。这种花不见于植物词典，与这时节成都各处盛开的李花、桃花、海棠花、木笔花不同类。这是一个象征，表示人人心目中认为美好的一件东西就是自由；通常把花认为美好的东西，由于爱自由故而说自由之花。要注意这种花是鲜红的血液迸发而

图为叶圣陶离开重庆前与巴蜀学校学生合影留念。1937年，因七七事变，苏州频频告急，叶圣陶携家人西迁。1938年1月，叶家来到重庆，叶圣陶于重庆巴蜀学校、重庆国立戏剧学校、复旦大学（当时复旦大学位于重庆北碚）任教。

成的，现在已经流了那么多的血，自由之花应该"开遍中华"了，试看看，开了没有？即使事情没有那么容易，一时不得开，当然不会开遍，试看看，在将来（且不说最近的将来）有开的指望没有？这是必须问的，如果不问，旁的且不说，怎么对得起那些流成渠汇成海的鲜红的血呢？再说，自由之花虽然是个象征的说法，它的含意却是可以具体说出来的。把人当人看，把事当事做；人人自己管理，彼此相助管理；无论物质上精神上，谁也不受谁的欺侮和压迫；大家兼善，也就是大家真个达到独善，兼善与独善混而不分；生活一定要比往时好。不必学梦想家羡慕几近渺茫的羲皇，也不必学笃古家怀念无征难信的唐虞，只须把目前的情形作准，譬如一九四五年有百分之九十的人吃不饱，到一九四六年吃不饱的人减到百分之八十了，以后减到百分之七十六十了，直到每个人都吃得饱了，这就是生活比往时好。譬如一九四五年事事乱糟糟，认真说话忌讳多，认真作事窒碍多，到一九四六年比较好些了，以后逐步逐步好起来，直到一无忌讳，一无窒碍，这就是生活比往时好……再写下去可以写得很多，但是表明自由之花的含意，上面的话差不多够了。根据上面的话，要看自由之花开了没有就很容易，如果有人报说开了，要鉴别到底是真的自由之花呢还是假的也就不难。当然，谁也不要假的。真的自由之花开了，大伙儿培植它，保护它。真的自由之花没有开，大概是血还没有流够，再流吧，再流吧，"迸发成自由之花，开遍中华，开遍中华！"

1945 年 3 月 19 日作

自学成功的夏丏尊先生

夏丏尊先生幼年在家塾读书，学作八股文，十六岁上考取了秀才。十七岁开始受新式教育，考进上海的中西书院，只读了一学期。十八岁进绍兴府学堂，也只读了一学期。后来往日本留学，先进宏文学院普通科。没有等到毕业，考进东京高等工业学校。读不到一年，就因费用不给回国，开始当教员，那时他二十一岁。

丏尊先生受学校教育的时期非常之短，没有在什么学校里毕过业，没有领过一张毕业文凭。他对于社会人生的看法，对于立身处世的态度，对于学术思想的理解，对于文学艺术的鉴赏，都从读书、交朋友，从自学得来。他没有创立系统的学说，没有建立伟大的事功，可是，他正直的过了一辈子，受用了一辈子，凡是识与不识的人，都承

叶圣陶、胡愈之、章雪村、周予同等人合影，最右方的是夏丏尊。1926年，在叶圣陶、郑振铎、胡愈之等的支持下，章雪村创办了开明书店。1928年，叶圣陶一行来到浙江上虞白马湖平屋，造访平屋主人夏丏尊，规划开明书店的愿景。白马湖一会的诸人多是自学成才的，对当时学校的症结深有体会，他们为开明定位：把开明书店当作学校来办，主要出版青少年读物和新文学作品，开发新课本，为学生、青年服务。

认他有独立不倚的人格。自学能够达到这般地步，也就大大的成功了。

如今学校教育不良，休说理想的学校，就是像模像样的学校也难找到，于是有些人鼓吹自学。学习本来是自己的事。学习的主体是自己，千古不易。自己努力，才有进步。教师与朋友无论如何高明，总之只能从旁启发，尽切磋的责任，代替学习是不可能的。因此，自学实在无可怀疑。但是偏偏有人怀疑，以为自己摸索，只怕事倍功半，甚至无功可言。现在我想对怀疑的人说一句：不用怀疑了，只要看夏丏尊先生的榜样。

1946年6月1日发表

文当然要作的,但是要紧的在乎做人。

第三章

教育与生活

怎样当好老师

....

普及教育的办法有多端,我想,我现在要说的教师问题总应是其中重要的一项。没有教师,教育无从实施;没有教师,受教育者无从向人去受教育。人们说:"这是谁都知道的。而且现在的小学校里,那一校缺少了教师?何必你来说那些有了教师没有了教师的话?"我以为不是这么说法。教师问题,不单讲有没有,还该讲好不好,胜任不胜任。教师是好的,胜任的,我们方可说有了教师。否则,即每城每乡村都有学校,学校里都不缺少教师,但我们只得说没有教师,普及教育的目的未免渺茫。

....

这也不能怪三元地理先生等等,好的教师譬是太阳,他们就仿佛燧火。在太阳不曾出来以前，燧火虽微，总有一点用处。三元地理先生等等不确曾教孩子们识了几个一点一画的字么？倘若不是他们支撑场面，孩子们要识字也无从了。至于他们所以居之不疑，我想却有两种原由：一、这究竟是一个饭碗，虽不丰满，却是比较高雅而写意的饭碗；二、明知自己是燧火，待太阳出来也情愿交卸，但太阳只是不出来。就是我，是任了多年小学教师的，始终自知是一点燧火，同三元地理先生等等一样。等待了好久，只不见太阳出来，而自己的不胜任为教师，却越来越明白，终于不敢为教师了。到了最近，更发见不胜任教育自己的孩子，对于一个五岁的孩子时时发愁。若是什么地方有太阳，我愿意将他送给那太阳。但是，太阳在那里呢？

我写这篇文字，意思在希望小学校里出现太阳。所以我在此不再写丧气的话，而欲对于师范学校贡一点愚见。第一，我希望师范学校的章程中，多加一条，说明凡来入学的，毕业后必须为小学教师。于是视师范为普通中学的学生不来了，于是章程中的半途退学罚费一条有用了，于是知照县官任用师范毕业生的办法有效了。否则，一个可

民国时期,一群孩子在老师的带领下,在户外学习体验。

以不为教师,就也许会全班不为当教师。果真如此,师范学校有什么用处?第二,我希望师范学校认一认清楚,它是师范学校,它的任务在造就良好的小学教师。具体的办法,恕我说不出,但我知一定与普通中学有异了。这两层做到之后,在学者因趋向已定,事业已决,得以安心学习;在教者因标的既具,成绩立见,得以尽力设施。结果当能使现在的小学教育真个改一点面目。

师范生不愿任教师的原由当然也有多端。我想物质的原由或者也是重要的一项。我不信一辈人唱的高调，以为教育是神圣的事业，不是为糊口计的。事业尽管神圣，只要我们能尽职，正不妨借此糊口，而且惟有这样地糊口才是正当。所以看教师事业为一个饭碗，若不再消极的意思加上去，决不能算是卑鄙可耻。现在这个饭碗却难说了，除了城市，而言占大多数的乡间，则教师月薪在十元以下六元以上的已算优越。这只有由三元地理先生等等去兼任了。更有所谓学务委员，对于教师们有非常的权力，对于金钱有特异的爱好。他们要从中侵蚀，他们要保持权力，亦惟有乐用三元地理先生等等，而优秀的师范生决不愿意受这等薄待。

我们不自认为弱者，谁愿意受人家的薄待？但因为不愿受而退却不前，仍旧落于弱者一面。既为师范生，教师是终身的事业；前途的发展是应负的责任，障碍的破除也是应负的责任；各县财政的支配，教育费的支配，不应为公众、为自己而过问么？若自问真能尽职，老实不客气，很可以明白要求，要一个丰满的饭碗。对于监督者的溺职和舞弊，不应为公众、为自己而反抗么？惟其没有人反抗，才有人跨出了范围，公然地无所顾忌。发泄了反抗之声，大家才得就范围内作事。

我希望师范生都为教师，为学校里的太阳，代替以前昏暗不明的爝火。这使我们有一种骄傲，得以向人家说："我们不特有教师，而且有好的胜任的教师了！"于是乎这件烦难的工作，就是，要一条街上的各个人见解明白一点，知能提高一点，至少升到跟水平线相齐，有成功的希望了。

我这一点浅薄的意思是在对着五岁的孩子发愁时想起的。

《教育杂志》1922年第14卷第7期
原文为《教师问题》，有删改

供献给父母的

我们作不论什么事情的时候，最希望的是环境的安静，没有一点纷扰。果真如我们的希望，所作的事情很顺当地达到成功的境界，那是再舒快没有的了，可是这种希望往往不能满足。安静的环境很难得持续，有时朋友来了，有时意外的事情发生了，有时自己的心情忽有所触，想到别的地方去了，于是事务中途停顿，不能迳向成功的方向前进。虽不能说此后就无成功之望，而当时所受的意志的阻遏，后来所需的重行奋励，都是本来不必受不必需的。归究到根，都是事情被中途打断的缘故。

家中有孩子的，这样情形更经常遇到，因为孩子就是打断大人作事的魔王。他们不肯安定，忽然叫起来了，使大人的听官感受不安。他们手不大肯宁息，拿起什么东西就弄,不管是有危险的或者有用处的,这就引起大人的爱惜惊恐等心绪。大人在那里写字,他们跳跃着玩耍,地板震动起来,连带了桌子。大人在那里结绒线,他们抢着线球便抛,弄得绒线满地,纠结不清。逢到这样的时候,大人总要受点儿影响,影响的结果,就是事情中途停顿。

事情中途停顿了,不能不有所反应,这是很自然的。最普通的是怎样一种反应呢?大人的手举起来了,面孔当然板着,在孩子的身上乱拍,拍着什么地方就是什么地方,直到那只手以为不必再拍了才止。孩子于是啼哭起来。有些大人认为这样不好,或者还没有养成这举手拍孩子的习惯,便换一种办法,提起喉咙便骂。讨厌!可恨!不懂道理!全没规矩!坏孩子!不成样的东西!种种粗暴的话轮流运用,用个痛快才歇。孩子于是吓得不敢响了,眼光像一头猫儿面前的老鼠,有时把头伏在臂膊上哭了。

这是最普通的反应。固然,容易不过的最快心意的办法要算这两种了。犹如旋开自来水管的开关便有水流出来,这两种反应随机而发,真是再便当不过了。

但是我们得想一想,事情被中途打断确属可恨,而罪孽是不是应该归于孩子们?这就要想到孩子是有心还是无心，想到大人与孩子们见解有何差异等问题。有心捣乱，罪孽诚不可赦；无心作恶，又不十分厉害，就应该归入免究之列。并且作恶云云，也只从大人方面而言，孩子们何尝懂得什么恶！高声叫起来，他们只是一时的兴会，自己也不可遏止，何曾知道是大人们厌听的？手拿东西最是平常的事，前天如此，昨天如此，当然现在也如此，他们何曾知道这件东西却因危险或者有用而不能弄呢？跳跃便跳跃，他们何曾想到会影响写字的桌子？见球就抛球，他们何曾想到会弄乱了绒线？这等事在他们看，正同吃饭睡觉一样正当，一样的平常，吃饭睡觉不招打骂，而现在忽要挨打挨骂，不是最奇怪的事么？劈头劈面的挨了一阵，却不知道为了什么，原来他们同大人站在见解完全不同的基础上。

孩子们身体的残伤，心志的摧残，现在且不说；专从大人方面说，这种行径使孩子们想那大人这样喜怒无常，不是个疯子，就是个不可了解的怪物，于是慢慢地和大人疏远起来。这种疏远要弥合是非常困难的，仿佛瓷器上有了一条裂缝，痕迹终于不能泯灭了。谁也不喜欢有这样一条裂缝，可是大部分的父母时时在那里砸，特意要造成这

第三章 教育与生活

样一条裂缝！

一时的冲动过去了，大人也极容易悔恨起来：觉得刚才打重了，不知伤了孩子没有；觉得刚才骂重了，不知气了孩子没有。再想孩子们的过错实在轻微得很，何必小题大做，演出一大套把戏来。于是仿佛有点儿看不起自己的

1920年，胡墨林抱子至善观看"五高"恳亲会演出。胡墨林，字翰先，浙江杭州人。1916年8月12日，胡墨林与叶圣陶喜结良缘，育有三个孩子——至善、至诚、至美。朱自清曾经这样评价叶圣陶一家："圣陶兄是我的老朋友。我佩服他和夫人能够让至善兄弟三人长成在爱的氛围里，却不沉滋在爱的氛围里。他们不但看见自己一家，还看见别的种种人；所以虽然年轻，已经多少认识了社会的大处和人生的深处，而又没有那玩世不恭，满不在乎的习气。"

手和口，甚至去抚摩孩子的被打的处所，逗孩子笑乐。孩子更觉得不可捉摸了，他们想，原来装凶扮善全是闹着玩的；彼此的疏远还是不可避免！

既悔于后，何如不做于前？悔与不悔等，何如绝了这引起恨恨的根源？这不是知识的问题，因为骂孩子打孩子这等事为什么不对，是极容易明白的；即使不明白，基于父母的爱也就够了。所差的只在要悟于常时而不要悟于事后，要使这种觉悟不被感情冲动暂时蒙蔽，的确有一点儿修养上的关系。这里所谓的修养其实极浅，大人只要练成一种习惯：当觉得孩子们有什么动作近于扰乱时，不要便厌恶他们的扰乱而动起感情来；而从他们的动机着想，知道他们出于无心，更从他们的见解着想，而知他们决无可厌恨之理。至此，感情的冲动便遏抑住了，决不至于突然暴发。

可是，事情因此中途停顿总是个缺憾，甚至是不可弥补的缺憾。在人群中作事，这等缺憾多着呢。但是也非绝对不可弥补，大人能为孩子们妥善地设法，使他们有一个自己活动的世界，就不再闯入大人作事情的世界里来了。大人和孩子们在一起，有空的时候才逗着孩子玩，不空的时候就把他们抛在一旁,甚至不许他们动一动,本不是个妥善的办法。

有人说,使孩子们有一个自己活动的世界,确是一句好听的话。但除了最少数人家以外,谁能做得到呢?我想,要做到虽然不能只靠经济为基础,而所以不能做到,却由于经济的原因。于是我要起其他的感慨了。

1923年1月6日发表

做了父亲

假若至今还没有儿女,是不是要与有些人一样,感到是人生的缺憾,心头总有这么一个失望牵萦着呢?

我与妻都说不至于吧。一些人没有儿女感到缺憾,因为他们认为儿女是他们份所应得的,应得而不得,当然要失望。也许有人说没有儿女就是没有给社会尽力,对于种族的绵延没有尽责任,那是颇为冠冕堂皇的话,是随后找来给自己解释的理由,查问到根柢,还是个得不到应得的不满足之感而已。我们以为人生的权利固有多端,而儿女似乎不在多端之内,所以说不至于。

但是儿女早已出生了,这个设想无从证实。在有了儿女的今日,设想没有儿女,自然觉得可以不感缺憾;倘若今日真个还没有儿女,也许会感到非常寂寞,非常惆怅吧。这是说不定的。

"教育是专家的事业",这句话近来几乎成了口号,但是这意义仿佛向来被承认的。然而一为父母就得兼充专家也是事实。非专家的专家担起教育的责任来,大概走两条路:一是尽许多不必要的心,结果是"非徒无益,而又害之";一是给了个"无所有",本应在儿女的生活中给充实些什么,可是并没有把该给充实的付与儿女。

自家反省,非意识地走的是后一条路。虽然也像一般父亲一样,被一家人用作镇压孩子的偶像,在没法对付时,就"爹爹,你看某某!"这样喊出来;有时被引动了感情,骂一顿甚至打一顿的事也有。但是收场往往像两个孩子争闹似的,说着"你不那样,我也就不这样"的话,其意若曰彼此再别说这些,重复和好了吧。这中间积极的教训之类是没有的。

不自命为"名父"的,大多走与我同样的路。

自家就没有什么把握,一切都在学习试验之中,怎么能给后一代人预先把立身处世的道理规定好了教给他们呢?

学校,我想也不是与儿女有什么了不起的关系的。学习一些符号,懂得一些常识,结交若干朋友,度过若干岁月,如是而已。

以前曾经担过忧虑,因为自家是小学教员出身,知道小学的情形比较清楚,以为像个模样的小学太少了,儿女达到入学年龄的时候将无处可送。现在儿女三个都进了学校,学校也不见特别好,但是我毫不存勉强迁就的意思。

一定要有理想的小学才把儿女送去,这无异看儿女作特别珍贵特别柔弱的花草,所以要保藏在装着暖气管的玻璃花房里,特别珍贵么,除了有些国家的华胄贵族,谁也不肯对儿女作这样的夸大口吻。特别柔弱么,那又是心所不甘,要抵挡得风雨,经历得霜雪,这才可喜。——我现在作这样想,自笑以前的忧虑殊属无谓。

何况世间为生活所限制,连小学都不得进的多得很,他们一样要挺直身躯立定脚跟做人。学校好坏于人究竟有何等程度的关系呢?—这样想时,以前的忧虑尤见得我的浅陋了。

我这方面既然给了个"无所有",学校方面又没有什么了不起的关系,这就拦到了角落里,儿女的生长只有在环境的限制之内,凭他们自己的心思能力去应付一切。这里所谓环境,包括他们所有遭值的事和人物,一饮一啄,一猫一狗,父母教师,街市田野,都在里头。

做父亲的真欲帮助儿女仅有一途,就是诱导他们,让他们锻炼这种心思能力。若去请教专门的教育者,当然,他将说出许多微妙的理论,但是要义大致也不外乎此。

可是,怎样诱导呢?我就茫然了。虽然知道应该往哪一方向走,但是没有往前走的实力,只得站在这里,搓着空空的一双手,与不曾知道方向的并无两样。我很明白,对儿女最抱歉的就是这一点,将来送不送他们进大学倒没有多大关系。因为适宜的诱导是在他们生命的机械里加添燃料,而送进大学仅是给他们文凭、地位,以便剥削他人而已。(有人说起振兴大学教育可以救国,不知如何,我总不甚相信,却往往想到这样不体面的结论上去。)

他们应付环境不得其当甚至应付不了的时候,一定会怅然自失,心里想,如果父亲早给点儿帮助,或者不至于这样无所措吧。这种归咎,我不想躲避,也没法躲避。

对于儿女也有我的希望。

一句话而已,希望他们胜似我。

所谓人间所谓社会虽然很广漠,总直觉地希望它有进步。而人是构成人间社会的。如果后代无异前代，那就是站在老地方没有前进，徒然送去了一代的时光，已属不妙。或者更甚一点，竟然"一代不如一代"，试问人间社会经得起几回这样的七折八扣呢！凭这么想，我希望儿女必须胜似我。

爬上西湖葛岭那样的山就会气喘，提十斤左右重的东西走一两里路胳膊就会酸好几天，我这种身体是完全不行的。我希望他们有强壮的身体。

人家问一句话一时会答不上来，事务当前会十分茫然，不知怎样处置或判断，我这种心灵是完全不行的。我希望他们有明澈的心灵。

说到职业，现在干的是笔墨的事，要说那干系之大，当然可以带上文化或教育的高帽子，于是仿佛觉得并非无聊。但是能够像工人农人一样，拿出一件供人家切实应用的东西来么？没有！自家却使用了人家生产的切实应用的东西，岂非也成了可羞的剥削阶级？文化或教育的高帽子只能掩饰丑脸，聊自解嘲而已，别无意义。这样想时，更菲薄自己，达于极点。我希望他们与我不一样：至少要能够站在人前宣告道："凭我们的劳力，产生了切实应用的东西，这里就是！"其时手里拿的是布匹米麦之类；即使他们中间有一个成为玄学家，也希望他同时铸成一些齿轮或螺丝钉。

1930年11月作

少年们的责任

在抗战期间，少年们有许多事情可以做，做得好，对于国家同前线冲锋陷阵的士兵一样有功劳。现在我说其中的一桩，就是教育民众。有许多地方，少年们在当"小先生"，我这里是希望全国的少年们都来当"小先生"，把教育民众的责任担在自己的肩膀上。

普通当"小先生"，最重要的事情是教不识字的人识字，其次是教一些常识。在抗战期间应该倒过来，把教一些常识排在前头，其次才轮到教文字。这里所说的常识包括很广，而以抗战为中心。敌人的贪心和梦想，我国的意志和实力，各条战线的分配，各个据点的重要，已经沦陷的地方被蹂躏到怎样的程度，甘作汉奸的人物终于得到怎样的下场，起来团结自卫为什么一定有把握，糊里糊涂等着作顺民为什么千万要不得……这些都包括在我所说的常识里头。

少年们在学校里,时常听到教师的报告和解释,在阅读书报的当儿,更得到多方面的见识和了解,这些常识可以说是个个少年都具有的。但是一般民众因为很少接触的机会,往往并不知道这一些。我们不能单看城市,应该扩大眼界看看广大的乡村。在各处乡村里,很多人还不知道我国和日本打仗是怎么一回事。也许就是少年们的父亲和母亲,他们还不知道被敌人统治了生活上会有什么变化。也许就是少年们的亲戚和邻人,他们以为替敌人做些工作

民国时期,小朋友在写字。

拿他一点钱并不是什么要不得的事情。这种现象是可以弄到失败的重要原因，必须赶快把它消灭掉。现在有许多从大学中学里出来的青年正在做这种工作，但是大学中学的青年不及少年们那么多。少年们遍布在各地，大家把自己所具有的常识教育民众，收效当然更大。

所谓教育，只是告诉和劝勉的意思，并不一定要板起面孔来，仿佛说"我来教你们了"那么严正。在家庭中叙谈的当儿，在街坊上会面的当儿，少年们随时可以用亲密和蔼的态度，在人家不知不觉之间，当一回"小先生"。只要说得一个人不愿意贪着小利去当小汉奸，敌人进攻就增加了一分困难。只要说得一个人愿意贡献自己去干救国的事情，我们抗战就增加了一分力量。请想一想，假如每一个少年都教育一个人而有成效，我们抗战的前途将见得怎样的光明而有希望？

其次说到教人识字。用口耳相传的方法教人家懂得什么，当然不及教人家识得文字，使他们随时能够懂得一切好得多。现在是因为事势迫切了，等大家识了字再去懂得抗战的局势和救国的必要已嫌来不及，所以我说少年们应该先注重用口，把自己所知道的告诉别人。但是不识字的总得叫他们识字，只能够用耳朵听的总得叫他们再会用眼睛看，所以教人识字的工作也得去做。识字课本原来也有一些，现在看来，或许编得不大合时势。而且现在运输困难，在偏僻的乡村里，一时未必买得到都市里的识字课本。我以为少年们不妨选一些浅近的抗战读物，自己抄写了，去教人家。

在《抗战》三日刊第三十九号里，我读到上海市二十四个小学生写给全国小朋友的一封信。他们说他们虽然住在被占领的地方，可是仍然在当"小先生"，教一班没有知识的不认得字的小朋友。他们可以说是很能够负起责任来的了。我愿全国的少年们都和他们一样，而且不只教一班小朋友。

1938年2月20日发表

高等教育所要养成的好习惯

说明"教育"这个词儿的含义，专门家可以写成很大的一部书；可是也可以用一句话来概括，虽然粗略些，偏于常识方面些，但在非专门家，有了这样的概念便足够了，那就是"教育就是养成好习惯"。

这里应当问清楚，什么叫好习惯？换句话说，怎样的习惯才算好？这也可以粗略地偏于常识方面地作个回答。单就个人说，凡足以发展身心的，便是好习惯。个人不能离开人群，个人身心的发展必须和人群相适应，尤其必须对于人群有利而无害。因此，兼就人群说，凡和人群相适应的，尤其是对于人群有利的，便是好习惯。

教育所要养成的，便是这些好习惯。

分开来说，普通教育的目标是养成一般人当公民的好习惯，高等教育的目标是养成一些人做专门人才的好习惯。所谓当公民的好习惯和做专门人才的好习惯，都是足以发展身心的，同时是和人群相适应，尤其是对于人群有利的。

这一点简单的认识，办教育的人不能没有；如果没有，便不知道自己干的是什么一回事儿，当然说不上成绩。同时，受教育的学生也不能没有；如果没有，便不知道自己投考和入学究竟何所为，结果也将名为"受"而实际上并没有"受"。

现在就大学说大学，对于所谓做专门人才的好习惯略作解释。这意思无非供诸位同学参考，我希望我的话有些道着处。

且慢说做专门人才的好习惯；依理论，一个大学同学该具有当公民的好习惯了，因为他已经经过了受普通教育的阶段。理论上"该"具有，实际上未必"真"具有，这是常见的情形。到底具有了当公民的好习惯没有，我以为每一个大学同学必须自己检讨的。检讨下来，果真具有了，那是再好不过的事儿；否则便得赶紧补修，直到果真具有了为止。

"专门人才"这个词儿,就是说其人对于某一种专门有系统的认识和深入的了解;单懂得一些经济现象算不得经济人才,单记住一些历史事迹算不得史学专门人才,可以反证。得到认识和了解不能单凭空口或空手,必须有一套精密的方法才行。

人群的最大期望是文化的步子逐渐前进,文化的总和逐渐加多,这并非一种奢侈的欲念,实在是充实生活——物质生活和精神生活——必要的手段。因此,专门人才对于某一专门,不仅接受它已有的成绩而已,还得加入自己的努力,使它的成绩更丰富,更完美。换一句说,专门人才负着一种责任,要推进文化的步子,增加文化的总和。这种责任也不是单凭空口或空手负得起来的,必须有一套精密的方法,尤其必须在某一种专门范围之内,随时随地都运用那套方法才行。

大学教育的时间只有四年。若说四年终了,受教育的学生便可以对某一种专门有精深的认识和了解,甚至便可以推进某一专门,使它更丰富,更完美;换一句说,若说四年终了便可以成为专门人才,那未免不合情理。一个人攻研某一专门,达到真足以称为专门人才的境界,怎能用时间来规定呢？四年间努力的结果，只能说对于前面所说的那些方法，已经熟悉而已——是必须熟悉的，不熟悉便是没有努力。方法不能离开材料，材料便是某科某科的课程。就课程所提供的事事物物，从教师方面学习了方法，从自己方面发见了方法，来认识某科，了解某科，并且企图推进某科：是大学同学分内应做的事儿。可以这么说，得有"终身以之"的精神，才算有了好习惯。这种好习惯是做专门人才的基本条件。

1941年12月发表

学习不是死记硬背

跟教师们谈话，常听说学生考试作弊的故事。跟青年们谈话，在浑忘尔我、不需警戒的当儿，也常听说考试时候怎样"打pass"怎样看夹带的叙述。据我所知，考试作弊跟学校教育同时存在；我小时候，新式学校初办，就听见一些投身学校的"洋学生"谈他们应付考试的"作弊技巧"。其实，在兴办学校教育以前，作弊技巧早就很高明了；我曾见寸把见方的皮纸抄本，真是蝇头细字，抄的是"五经"经文跟注，预备缝在衣服里，带进试场去应科举的。推想起来，大概有了考试制度就同时发明了作弊技巧。往后想去，考试制度存在一天，也许作弊的事情就一天不会断绝吧。

现在学校里的作弊技巧，最干脆的是把教科书带进试

第三章 教育与生活

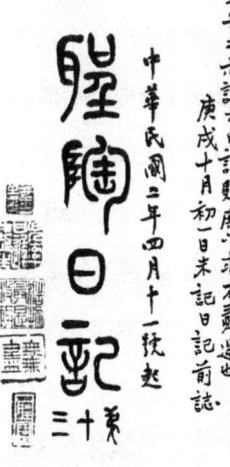

叶圣陶中学时代写的日记。叶圣陶从1910年11月2日开始记日记，此后直到1988年他谢世的前一个月为止，其间几无间断。他自己说，写日记"成了习惯，就与刷牙漱口一样，一天不写很不舒服"。除了抗战期间因日寇轰炸而遗失了一部分日记，其余的日记都保存了下来。叶圣陶日记反映了历史的一个侧面，是一部不可多得的"史记"。

场去，待题目揭出的时候，就把教科书摊在大腿上，翻看与题目相当的书页。此外就是把纲要写在小纸片上，或者用铅笔写在砚台的底面、桌面以及身旁的窗槛上，随题查看，就写上试卷。我知道所有当学生的未必个个都干过这个勾当，但是一个学生在校十多年，一定会见着同学间干过这个勾当。至于当教师的，如果服务年期不太短暂的话，一定会或多或少的见着学生做这种并不愉快的把戏。

....

学生作弊当然是学生不好。但问题并不这么简单。临考试需要带教科书抄夹带，岂不是表示所谓"学习"，实在只等于"记诵"？因为记诵不了那么多，于是偷偷的准备着，以便临时查看。临时查看而不被发见，实际不曾记诵的居然得以冒充已经记诵，这自然是对教师对学校的欺骗，在品德上是大缺点；可是尤其紧要的却在把"学习"认作"记诵"，这个错误观念牢记在心，学生自身将一辈子学不到什么。那些不需要作弊的学生天君泰然的跑进试场，写完试卷交上去，结果是七十分八十分，他们在品德上自然一无缺失；可是，他们不过没有冒充已经记诵而已，再露骨一点说，他们不过把教科书之类带在心里头去应试而已,如果考过之后不久就忘掉那些记诵了的,实际还不是跟靠着夹带应试的一样的落空?并且,考过就忘掉确是极普遍的情形。"学过的一些东西都还给老师了",常常有人说这样的话。读者诸君也可以问问自己,你们的史地成绩理化成绩曾经得到过七十分八十分,现在你们对于史地对于理化的了解还值得七十八十分吗?如果作不来肯定的回答,那就是还给老师了。取了来又还掉,跟自始没有取(指那些临时作弊的人),实际并无两样。为什么取了来又会还掉?这由于取之不以其道,把"学习"认作"记诵"。

  我国真正的学者都看不起记诵之学,因为学问是个人分内的事,为己的事,记诵之学却移到外面去了。这并不是说不要多所记诵,乃是说记诵不过是个开端,跟着就得把记诵的这些东西融化在生活里,成为精神上的血肉,惟其如此,记诵一分就得一分益处;若认记诵为终极的目的,不使他跟生活发生关系,那就记诵虽多,无多益处。学校里的各种科目,学生为什么要学习呢?如果说,"学习了这些东西,记在心头,挂在口头,足以表示我是有知识的人",那简直可以不必学习。必须认定一切科目都是所以充实我们的生活的,才会诚心尽力的从事学习。如果到了诚心尽力的地步,那么试卷上做到七十分八十分还不以为满足,须要生活受用上,也可以到七十分八十分才有点儿惬意,又哪里肯使用作弊的手段应付考试,以欺骗教师欺骗学校,归根结底却欺骗了自己?

把"学习"认作"记诵",不是学生自己的不是,乃是历来整个教育方法所造成的结果。各学科常常孤立起来,这科跟那科不相应,这科那科又跟实际生活不相应;这自然使学生觉着入校学习的目的就在记诵这些各自孤立的科目。教学的进行又只限于教科书的范围,教科书上讲到的,得记诵,教科书上没有讲到的,就绝对不去触着它;所谓学习的工作又不出于理解教科书,抄写关于注解教科书的笔记,甚至劳作的科目也还是读教科书、抄笔记,而不必真个动手去劳作;这自然使学生以为书是目的而不是工具,读书是学生命定要做的事而不是关涉到实际生活的事。再看考试方法,教科书上说我们中国的面积有若干方里,十字军的兴起有若干原因,考试题目就是"我国面积如何?""十字军之兴起,原因有几?"学生依照书上说的对答,就是满分;这岂不是明明告诉学生,你们的工作就是死记教科书,死记之外,再没有你们的事了？整个的教育方法如此，学生若不把"学习"认作"记诵"，才是怪事呢。

关心教育的人提出意见，指明我国教育在某某方面需要改良。我想最急需改良的是整个教育方法，决不可继续已往的错误，教学生只做记诵之学。方法的改良又有待于认识的转变，要知道现代的学习决不是记诵之学所能了事；记诵之学，好一些可以造就门门都是甲等的"优等生"，坏一些就造就品德有亏的"作弊专家"，可是决不能造就生活充实的国民；而现在这个时期，正在开始建国大业，需要生活充实的国民比任何时候都迫切。从事教育的人如果没有这一点认识，一切劳力都是白费。

受教育的学生也该认识这一点，记诵不过是个开端，跟着就得把记诵的那些东西融化在生活里，成为精神上的血肉。否则，成绩虽好，只是分数单上好看，于自己并无实益；成绩不好，勉强要他好，至于运用作弊技巧，更是极度的自暴自弃。

1943年9月5日发表
原文为《"学习"不只是"记诵"》，有删改

学习也要养成好习惯

…………

原来"教育"这个词儿，如果解释得繁复，几本大书也说不完；可是要简单得解释，一句话就可以说尽，就是"养成好习惯"。怎样的习惯才算好？能使才性充量发展的是好习惯，能把事情做得妥善的是好习惯，能使公众得到福利的是好习惯，大概也不过如此而已。所谓"自己教育"，就是不去依傍他人的力量，自己来养成这些好习惯。青年们如果怀着理想的话，如果热切期望理想的实现的话，其急于要养成好习惯的愿望，自然会像火一般的燃烧起来。青年们虽然不像将士一样在前线打仗，可是大家都知道，现代战争的决定因素不限于军事。军事有办法，其他一塌糟糕，胜利还是没有把握的。一个人不守秩序,一个人办不好事,一个人技术低劣。看来好像关系很微细;但是多数人不守秩序,多数人办不好事,多数人技术低劣,关系就重大了,这将抵销军事的成绩而且还有欠额,结果将得不到"胜"而得到"败"。怀着理想的青年谁肯做这样的"一个人"呢?不肯做,就得整饬自己,训练自己,养成种种好习惯。别人如何且不管,总之先把自己做成一个问心无愧实际上也无愧的人。每个青年都不肯做这样的"一个人",也就不会有这样的"多数人",这才有实现那个"胜"字的指望。

…………

"自己教育"好像是个人的事情,其实凡是人们事情决不会是个人的,个人的思想行动必然牵涉到别人,思想行动的表现必然在群众中间表现,所以养成好习惯须特别偏重在群的方面。在群的方面具有了种种好习惯,其人还会有问题吗?在群的方面恪守秩序,在群的方面办好事情,在群的方面修炼技能,这可以概括合理的生活方式的全部。不要说别人马马虎虎,我也不妨马马虎虎。要知道别人马虎是别人的事儿,我管不着。我的马虎不马虎是我自己的事儿,我管得着。既然管得着,为了我的理想,就不应该马马虎虎。这样办法好像是冥心孤往,怪寂寞似的。其实不然。所谓"德不孤,必有邻",你取了这样的生活方式,必然有同样的人来做你的同志。同志的最确切的意义,该是互相督促互相激励的一群人。有一群人在一起,理想相同,生活方式相同,各人自己教育,同时也就是彼此互相教育,这是多么有劲的情形,那里会感到寂寞?这样的群扩大开来,直到包括我们青年的全部,一切情形该会大大的改观吧。就说一切的壮年人中年人和老年人都不行,单靠这样一批青年,就将开一个新的局面。何况壮年人中年人和老年人也不全是废料,他们只要有理想,也会像青年一样的振作起来。

…………

《中学生》1942年第55期
原文为《改善生活方式》,有删改

德目与实践

学校里往往提出一些德目来，作为同学们修养的标的，最显著的就是校训。此外如若干"德"，若干"信条"，若干"守则"。有的是几个名词，有的是几句话语；这些与校训有个相同之点，就是：无非抽象的原则。

凡属德目，几乎可以说没有要不得的。就像"忠"字，从前的意义是忠于君，现在不是君主时代了，似乎要不得；但是把它重行解释过，就是忠于国家，忠于社会，那岂但要得而已，简直是现在必不可缺的一个德目。原来德目都是基本的"为人之道"，因为是"基本的"，所以不受时间的淘汰，忠于君固然没有这回事了，而对于国家社会竭尽心力，以求它的持续的繁荣，这还是个"忠"。"忠"的意义尽管可以改变，而"忠"这个德目历久不磨。

以上说的很容易明白，不必噜苏。咱们现在要讲到两点。第一点是：德目不该是挂在口头的语言，写在纸面的文字，而该是贯彻一切行为的态度和精神。能说德目的字眼，能懂德目的意义，这与"为人之道"都不甚相干。"为人之道"必须要"为"，"为"就是"做"，就是实践，要让行为的态度和精神合得上德目，那才算尽了"为人之道"。一个人心里不想德目，口里不说德目，他的人格也许十分完满；另一个人时时想着德目，说着德目，他的"为人之道"却未必到家。这由于一个能够实践，一个却把德目与实践看做两橛了。看做两橛的时候，种种德目都是外在的东西，虽然美好，对于自身并无受用之处。能够实践，自身便是德目的化身，才是真实的受用。所以，七分八分的想和说，不如一分二分的实践；当然，能做到七分八分乃至十分的实践尤其好。

第二点是：实践就只在平时的一举一动一言一笑之间，并非说在平时的一举一动一言一笑之外，还有一种实践德目的行为在。咱们在前面说过，那些德目都是抽象的原则，如果仅是抽象地去理解，去讨究，就很容易发生错觉，以为平时的一举一动一言一笑太平凡，要实践德目，得在另外一种不平凡的行为方面去着力。然而不平凡的行为哪里有呢？咱们人干的，无非吃呀喝呀见人呀谈天呀学什么呀做什么呀那些平凡的行为。不在那些方面着力，又哪里求个着力之处？所以，对于德目，抽象地去理解，去讨究，是没有用的；必须具体地去实践，就在种种平凡的方面去实践，使那些个都合得上那种态度和精神。譬如"礼"和"义"两个德目，抽象地去理解去讨究的时候，不过是两个概念罢了；没有这两个概念，人生未必缺少

1948年7月为纪念《中学生》杂志出版200期而出版的《中学生手册》，由叶圣陶、丰子恺等16人所著。1930年，《中学生》杂志由夏丏尊先生在上海创办。次年，夏先生请来叶圣陶主持编辑工作，从此叶圣陶先生主编此刊，一直到新中国成立前夕。在长达近20年的时间里，该刊一直坚持以先进的思想内容、丰富的科学文化知识教育中学生及其他青年读者，对那个时期的广大青年读者产生过深远影响。

了什么，有了这两个概念，也未必充实了多少。若要等待遇到不平凡的行为，然后应用这两个抽象的概念，那更是"不可得之数"；结果自然我自我，礼义自礼义。另外一条路子，便是一点一滴地、无间无歇地实践。当升旗降旗的时候，你行礼，你唱歌，心中确然诚意，外貌确然恭敬。当运动游戏的时候，你努力，你竞争，做到胜而不骄，败而不馁，也决不用欺骗的方法取胜或讳败。当与人同在一起的时候，你谈笑行动，无拘无碍，决不说一句无聊的话引起别人的不快，决不做一个扰乱秩序的动作使别人感到或重或轻的不安。当与人交谈的时候，你发言运思，毫不勉强，内心绝对的真挚，容态绝对的诚恳。诸如此类，你就实践了"礼"了。该做的事，如学校里的功课、职业方面的任务，你决不放松，定要把它做好。该帮助的人，如困苦的朋友、负伤的士兵，你绝不视若无睹，定要尽可能给他们一点帮助。对于没有道理的事情，如赌博，如欺侮他人，你能够戒绝不做；非但以前不做，将来也决不做。对于没有道理的势力，如日本帝国主义，如反动的种种社会现象，你能够深恶痛疾；深恶痛疾之外，更把你的力量拿出来，与别人的力量合在一块铲除它们。诸如此类，你就实践了"义"了。像这样礼和义贯彻了你的一切行为，你的心头口头也许从不会礼呀义呀地想过一回，说过一遍。

因见学校训育，颇有对德目抽象的去理解去讨究的倾向，恐怕同学们无从着手，得不到受用，所以写这篇短短的谈话。

1942年8月5日发表

教育就是养成习惯

"习惯成自然",这句老话很有意思。

我们走路,为什么总是一脚往前,一脚往后,相互交替,两条胳臂跟着动荡,保持身体的均衡,不会跌倒在地上?我们说话为什么总是依照心里的意思,先一句,后一句,一直连贯下去,把要说的都说明白了?

因为我们从小习惯了走路,习惯了说话,而且"成自然"了。什么叫做"成自然"?就是不必故意费什么心,仿佛本来就是那样的意思。

走路和说话是我们最需用的两种基本能力。推广开来,无论哪一种能力,要达到了习惯成自然的地步,才算我们有了那种能力。不达到习惯成自然的地步,勉勉强强的做一做,那就算不得我们有了那种能力。如果连勉勉强

抗战期间,叶圣陶一家西迁巴蜀。1939年8月,日寇轰炸乐山,叶圣陶在乐山较场坝的寓所被炸毁,一家人迁至城外竹公溪畔的野屋。该图即为乐山被炸后叶家的留影。

强的做一做也不干,当然更说不上我们有了那种能力了。

听人家说对于样样事物要仔细观察,才能懂得明白。心里相信这个话很有道理,这当儿,我们还不是已经有了观察的能力。

听人家说劳动是人人应做的事,一切的生活资料,一切的文明文化,都从劳动产生出来的,心里相信这个话很有道理。这当儿,我们还不是已经有了劳动的能力。

听人家说读书是充实自己的一个重要法门,书本里包含着古人今人的经验,读书就是向许多古人今人学习,心里相信这个话很有道理。这当儿,我们还不是已经有了读书的能力。

听人家说人必须做个好公民,现在是民主的时代,个个公民尽责守分,才能有个好秩序,成个好局面,自己幸福,大家幸福,心里相信这个话很有道理。这当儿,我们还不是已经有了做好公民的能力。

这样说下去是说不完的,就此打住,不再举例。

要有观察的能力,必须真个用心去观察。要有劳动的能力,必须真个动手去劳动。要有读书的能力,必须真个把书本打开,认认真真去读。要有做个好公民的能力,必须真个把公民应做的一切事认认真真去做。在相信人家的话很有道理的时候,只是个"知"罢了,"知"比"不知"似乎好些,但仅仅是"知",实际上与"不知"并无两样。到了真个去观察去劳动……的时候,"知"才渐渐化为我们的习惯，习惯成自然，才是我们的能力。

通常说某人能力不强，就是某人没有养成多少习惯的意思。譬如说张三记忆力不强，就是张三没有把看见的听见的一些事物好好记住的习惯。譬如说李四发表力不强，就是李四没有把自己的思想和感情说出来写出来的习惯。

习惯养成得越多，那个人的能力越强。我们做人做事，需要种种的能力，所以最要紧的是养成种种的习惯。

养成习惯，换个说法，就是教育。教育不限于学校，也不限于读书，学校教育只是教育的一部分，读书这件事也只是教育的一部分。我们在学校里受教育，目的在养成习惯，增强能力。我们离开了学校，仍然要从种种方面受教育，并且要自我教育，目的还是在养成习惯，增强能力。习惯越自然越好，能力越增强越好，孔子一生"学而不厌"，就为他看透了这个道理。

1945年7月16日发表

受教育的与改革教育

改革教育，好像只是教师以及教育行政人员的事情，受教育的并没有份儿。这个"好像"是看着受教育的头顶上戴着个"受"字而来的，戴着个"受"字，显然处于被动地位，对于改革教育那种主动工作，未必做得上主，用得上力。假如承认这样看法，受教育的就只有等待下去，在教育尚未改革的时候，只好勉强"受"那坏教育，一朝黄河清了，教育改革了，才称心如意的"受"那好教育。除此而外又有什么办法呢？然而这样看法并不能承认，受教育的头顶上戴着个"受"字并不表示处于被动地位，所以对于改革教育，受教育的也做得上主，用得上力。

教育的对象是受教育的，受教育的是教育事业的中心，教育好不好，有没有实际效益，依理说，应该是受教育的知道得最清楚，体验得最亲切。即使说"不识庐山真面目，只缘身在此山中"，因为自己正在受教育，反而不明白教育到底是怎么一回事，这个情形可能有。可是，只要把眼界放得宽一点，把生活看得认真一点，就社会就自己多想想，也就会明白起来。在明白起来的时候，如果发觉所受的教育不好，没有实际效益，这就是社会和自己都吃了实实在在的亏。社会是自己所依附的群体，自己是一切思想行动的主体，社会和自己都吃了实实在在的亏，那是再切身也没有的事情了，怎能不做点儿主，用点儿力，把教育改变过来，使往后不再吃丝毫的亏？——这是说受教育的只要明白所受的教育不好，迫于切身的需要，就不得不参加改革教育的工作。

还有一层，受教育不是像张开了个空袋子，等人家把东西倒进来，装满它。受教育含有个重要的意义，就是学习。朱子注"学而时习之"道："习，鸟数飞也。学之不已，如鸟数飞也。"这个说法极好。小鸟儿屡次屡次的飞，用的是他自己的能力。所谓学习，全靠学习者自己的能力，受教育的这就有了确切的把握。教育不好，没有实际效益，属于旁人范围内的事情（如教师以及教育行政人员方面的事情）也不是不要过问，但是不妨把属于自己范围内的事情放在首要地位。属于自己范围内的事情就是学习。从前那样学习使社会和自己吃了实实在在的亏，现在把他改革，改革到不再吃亏的地步，那就教育不改革而自改革了。并且，改革教育，本来要在受教育的学习方面改革过来之后，才算收效。——这是说受教育的对于改革教育的工作确有把握，也可以处于主动地位。

以上不过是原则的话，说得又很简单。希望读者诸君从这里有所触发，再就自己所受的教育和改革教育的必要，逐步想开来，得到些具体的意见、切实的办法。至于我写这篇短文的意思，无非以为改革教育不只是教育家、教育者、教育官的问题，在身当其冲的受教育的，尤其要加以注意，非但要讨论如何改革，并且要促成真个改革。

1945年3月1日发表

教育改造的目标

民治为"自由人之社会",人人有自由,人人有尊严。一人不能为他人之奴仆,亦不能为他人之工具。惟目的非自私自利之谓,即洁身自好之徒,不加害于他人,亦仅足称为消极之道德,而不足以构成民治。凡自由人应有责任观念、合作精神,与知识上之虚心。人性之尊严在能认识对于他人之义务,能为公众福利舍己为群,公而忘私,以效忠于民族国家。自己应有信心,对人应有同情,于他人之观点能有虚怀审察之雅量。知宽容之要而不流于虚无主义,知信仰之要而不流于独断主义,知批评之要而不流于愤世嫉俗之犬儒主义,自由社会之所赖以成立者在此。

上面一段话从张其昀先生的一篇文字摘出，题目叫做《北美学府之一枚南针》，载在去年十一月十一日的重庆《大公报》。美国哈佛大学，在战争期间组织一个委员会，研究战后美国教育的改革方案。研究下来的报告书在去年八月间发表，名为《自由社会中的通才教育》。张其昀先生摘取其中要点，写成他那篇文字，上面一段话也就是那报告书中的意见。

这一段话太好了。不单说他文章好，特别说他看准目前时事，抓住教育的目标，无论哪个国家、哪个民族，谈到教育，就得认定这个目标做去，不能说国情不同，地势有异，因而别出途径。凡是受教育的都应该听听。为什么受教育？怎样的教育是适当的？受了教育便怎样？这些常常提出的问题，在这一段话里都可以得到答案。凡是从事教育的尤其应该听听。从这一段话里，可以知道教育不是拔去空瓶子的塞子，把甚些乌七八糟的东西乱装进去的勾当，也不是随随便便、马马虎虎、装点门面、敷衍故事的玩意儿，原来现代教育的最后目标在养成一个个的自由人，在建立一个民主的自由社会。

死板知识的灌输，抽象条目的训诲，不顺自然的锻炼,不让自动的教学,显然的不足以达到上面所说的目标。岂但不足以达到上面所说的目标,简直与它背道而驰,获至相反的效果。决不能说由于规定教育纲领的人没有远见,实施教育事业的人没有能力,才至于背道而驰。他们是有意的背道而驰,换句话说,他们并不要养成什么自由人,并不要建立什么民主的自由社会。最显明的例子是侵略者对于占领地带人民的奴化教育。侵略者原来要人民当奴仆,当工具,他们的教育另外有他们那一套。其次是皇帝时代的教育。皇帝无论如何说子爱人民,实际总是要人民当奴仆,当工具,他的教育当然不会合着上面所说的目标。我们也可以这样说,不足以养成自由人,建立民主的自由社会为目标的教育,都是广义的奴化教育,广义的皇帝时代的教育。

就受教育的一方面说,狭义的固然决不甘受,广义的又何尝愿受?他们知道如今是"人民的世纪",群己关系太密切了,不修炼自己没法裨益大群,不裨益大群没法利及自己。他们愿意从所受的教育中间养成自己的"责任观念,合作精神,与知识上的虚心",他们切望"知宽容之要而不流于虚无主义,知信仰之要而不流于独断主义,知批评之要而不流于愤世嫉俗之犬儒主义",终于成为"有自由""有尊严""自由人之社会"里的自由人。这可以说,国无分中外种无分黄白,凡属受教育的都有这么个实际需要,不过由哈佛大学的那个委员会提了出来而已。我国方在讨论教育复员,复员不是办法,而是要改造。改造的途径也惟有针对上面所说的切实做去,因为这样的教育是目前全世界人民所需要的,也才是我国人民所需要的。

1946年1月1日发表

工余随笔

学校教育的毛病很多，有一种毛病不大有人想起，说穿了谁都会承认那是毛病。那是什么呢？就是让学生们坐在教室里的椅子上听教师讲说的办法。

自己曾经当过学生，坐在教室里的椅子上听教师讲说，又曾经当过教师，看学生坐在教室里听我讲说，都没有觉得什么。

抗战期间在四川，因为职业的关系，参观了一些中学校。参观当然包括参观上课，参观上课常常是参观整整的一节，跟教师学生同进同出。就在这个期间，我开始惊奇，学校教育有这么一种毛病，为什么大家一直没有觉察。

直挺挺地坐在那里，谁也不会维持很长的时间。曲一曲腿，伸一伸腰，当然觉得好些，但是接下去还是挺挺地坐在那里。桌椅之间那么局促，任你怎么坐也不得舒服。支着头，斜着身子，照理是不许可的，就是支着头，斜着身子，时间长久了，还不是疲惫得要命？

再说听讲。不要说讲的是课本上的东西，就算讲的最有趣的故事，譬如《天方夜谈》，或者唱的最好听的歌曲，譬如各人心目中所认为名家的所唱的名歌，连续听上一两点钟，大概也要厌倦了。老实说，课本上的东西必然比不上最有趣的故事、最好听的歌曲，可是学生们每天得听上五六点钟。若不说厌倦，岂非怪事？

于是在教室里，有茫然瞪着眼睛，有勉强振作的脸色，也有东一眼西一眼，好似在搜寻什么神秘东西的，也有咬着嘴唇，防止口部的肌肉作怪，把呵欠打成了的。一般地说来，这时候"生命之流"虽不见得就此停止，至少也陷入半睡眠状态之中了。

幼稚园时期不算，一个学生从小学到大学毕业要多少年？小学六年，中学六年，大学四年，一共一十六年，不是个短时期啊！就算活到八十岁，一十六年就占去了五分之一。而这一十六年得消磨在坐在教室里的椅子上听教师讲说上！疲惫、厌倦，疲惫、厌倦，像两道纠缠无已的绳索，紧紧捆住学生的身心。人家往往夸说受教育是一种高贵权利，但是，站在学生的地位，替学生设身处地想一想，就觉得受教育是一种刑罚。这种刑罚是没法补偿的，一十六年的疲惫与厌倦给与身心的影响将永远是人生的缺陷。

奇怪的是大家一直没有觉察，仿佛这其间一点儿没有问题似的，教育就是这样，这样才是教育。

作惯了的事就不再去多想，原是人类的老脾气。就我国的教育而言，我国的教育是抄袭外国的，外国通行让学生坐在教室里的椅子上听教师讲说，我国当然也这么办。这是最方便的逻辑。

如果摆脱了人类的老脾气，抛弃了最方便的逻辑，就会觉得"一十六年的疲惫与厌倦给与身心的影响将永远是人生的缺陷"的话不是瞎说。

坐在那儿听讲，不但不要肢体肌肉活动，而且不要精神心思自由活动，让精神思想被动地跟着教师的讲说活动。可是知能的长进得在相反的情形之下才多希望，就是说，精神心思越能自由活动，知能就越有长进，而且在许多方面，必须肢体肌肉与精神心思一致活动，才是真正的长进。惟其活动不息，疲惫与厌倦无从进袭，生活才见得活泼泼地。现在把自由活动的门关了起来，招来了疲惫与厌倦，长进固然不能说绝对没有，但是有限得很。一十六年的时光就此耽误了，没有活泼泼地生活过来，岂不是追不回来的损失？习惯成自然，往后的年月也不很能够自由活动了，或者心意上很想努力奋发，可是实践上受习惯的牵制，终于自由活动不来了。这岂不是一误误到底，成了终生的缺陷？

凡是坐在教室里的椅子上听教师讲说的都将有这种缺陷，不过有的显著，有的隐微，有的不自察觉，还自以为受了教育值得矜夸，有的明知受累，心存追悔却已来不及。反过来说，假如学校教育不取那种办法，不取让学生们坐在那里听教师讲说的办法，学生们将受益得多。他们在学校里可以得到更多更切实有用的知能，他们出了学校，由于在学校里所养成的习惯，随时可以得到更多更切实有用的知能。

当然不需要关闭学校，也不必拆毁教室，也不用废弃课程的系统。只要不光让学生们坐在那里听，不光让学生们听教师的讲说，让他们在学习的当儿，肢体肌肉与精神心思一致地参加在里头自由活动，主动而不被动。让他们消泯学习与生活的界限，学习就是生活，并非生活的准备。

教育纲领哩，学制哩，课程标准哩，这些东西定得无论怎样完美，如果仍旧让学生们坐在那里听教师讲说，那就完美也是枉然，学校教育总之是学生们或重或轻的刑罚。

外国有一些试验学校，让学生自由活动，把听讲减到最低限度，而且不光听教师讲，往往是与教师研讨。又有一些学校，与工场混而为一，上课就是工作，工作的时候共同研讨。要谋改革，自然得走这条道路。但是这类学校数量并不多，大多数的学校还是老办法，让学生们坐在那里听老师讲说。即此一端如果武断一点儿说，足见外国的学校教育也不好。

我国要谋改革，现在时候总谈不到。每见儿童们少年们青年们上学去，想到一十六年的枯坐听讲，替他们难受极了，甚至想起了消极的念头：何必受教育呢？

1947 年 11 月 1 日发表

受教育跟处理生活

中等教育的目标不外乎给与学生处理生活的一般知识，养成学生处理生活的一般能力，使他能够做一个健全的公民。依照教育学者的说法，话决不会这么简单；他们罗列各派的学说，比较各国的国情，一下子一章，再一下子又是一章，可以写成一本很厚的书。但是说来说去，总脱不出这一句简单的话的范围。

所谓生活，无非每天碰到的一桩桩一件件的事情。客人来了，该要款待他，这是一件事情。夏天快到了，该要下稻种，这是一件事。东北四省失去已经三年了，该要想法收回，这是一件事。太阳上的黑子今年又扩大起来了，该要研究它的所以然以及对于地球的影响，这是一件事。事情是举不完数不完的；许许多多的事情积聚起来，其总和就是人类的生活。

根本地说起来，处理生活的知识当然该从一桩桩一件件的事情上去取得，处理生活的能力当然该从一桩桩一件件的事情上去历练。惟有这样，才无所谓学习跟实做的界限，才没有支离破碎的弊病；过一天就是一天的充实生活，便没有像泄了气的气球似的预备生活。

教育的最高境界该怎样呢？说起来也平淡无奇，不过实现上面所说的罢了。在现今世界上，并不是没有施行这种教育规模的地方。在我国，有一部分教育者提出教、学、做合一的主张（又有人说该是做、学、教合一），也是想把教育推进到最高境界的一种企图。

但是要知道，教育是不能离开了种种的社会关联而独立的。教、学、做合一的主张不能普遍于整个教育界，正受着种种的社会关联的限制。此刻我们必须明白的是：现行的教育规模，例如把训育跟教科分为两橛，又如定下公民、卫生、国文、算学等等科目教学生学习，实在不是顶妥的办法，而只是不得已的办法。

为什么不是顶妥当的办法？因为这样一来，就把教育跟一桩桩一件件的事情，也就是跟生活的距离拉远了；故而在学校里当学生，总不免有"预备生活"之感。但是不这样就得全盘推翻，另起炉灶；在不能另起炉灶的时候，要让青年取得知识，历练能力，就只得照现在这样做。所以说只是不得已的办法。

明白了这一点有甚么益处呢？益处就在于能使我们不忘记我们的实际生活。我们学的虽然是公民、卫生、国文、算学等科目，而实际生活里并没有这些科目，只有一桩桩一件件的事情。事情临到我们的面前，我们要能综合地运用这些科目去处理，那才是真个取得了知识，历练了能力。如果徒然记住在心里，写在笔记簿上，临到事情还是茫然失措，那就等于没有受什么教育；我们决不肯这样耽误了自己。

连带地，我们自然会领悟教科书的本质只是各种科目的纲领而已。譬如演戏，教科书好像一张节目单，背得出节目单并不就是演了好戏。纲领自有纲领的用处，繁复的头绪须得理清楚，才可以结成概念，纲领的必要就在乎此。因而死命地记诵教科书是无谓的，把记诵教科书当做受教育的终极目的尤其无谓。我们固然不肯把节目单抛开不顾，可是我们更得好好地演我们的戏——随时随地好好地处理我们的生活。

> 我以为好的先生不是教书,不是教学生,乃是教学生学。

第四章 爱好与修养

写那的确属于自己的东西

上一回我说，给别人看的文章，须写的确属于自己的东西。我没有说明白，今天再来补充一下。同样是一种经验或情思，有浅深的不同。仅仅粗疏地阅历，肤泛地感受，浮面地考察，这样得来的东西是浅的。反过来，阅历得周至，感受得真切，考察得精当，这样得来的东西才是深的。我所说的确属于自己的东西，就指那些较深的经验或情思而言，因为它是生活的体验，智慧的成果。至于那些较浅的，虽然也是自己的经验或情思，可是与一般人的没甚差异，好比一滴海水和整个大海都含咸味一个样，实在算不得的确属于自己的东西。

写一篇文章给别人看，无非要使别人得到一点儿什么。把较浅的经验或情思写给别人看，并不能使别人的意识界增加一点儿什么,这又何必徒劳呢?别人看见重庆市上的大小穷人,觉得他们可怜;我看见重庆市上的大小穷人,也觉得他们可怜。别人对于抗战前途抱着信念,也说"最后胜利必属于我";我对于抗战前途也抱着信念,也说"最后胜利必属于我"。我这样觉得这样相信,原来毫无问题;但是,若把这一点点东西写成文章给别人看,那就无多意义了。为什么?因为从我这方面说,这是人人同

叶圣陶编辑的部分报纸、杂志。

第四章 爱好与修养

具的,算不得的确属于我自己的东西,从别人方面说,看了这样的东西,并不能从其中得到一点儿什么。

重庆市上的大小穷人未尝不可以写。如果我能够观察得很深刻,知道他们生活的底细,我又有浓厚的同情心,不只是"可怜呀!可怜呀!"那一套,而能够体会到他们共同的苦闷:这样的时候,我就尽可提起笔来写文章了。"最后胜利必属于我"的论文也未尝不可以写。如果我有坚强的证据,完密的论法,使人无懈可击,惟有点头信服:这样的时候,我就非写文章不可了。为什么?因为从我这方面说,这是的确属于我自己的东西,从别人方面说,看了这样的东西,一定能够得到一点儿什么——对于重庆市上的大小穷人将不仅觉得可怜,对于"最后胜利必属于我"将更加坚信了。

1938年2月8日发表

青年人的爱好和修养

现在多数青年爱好文艺。巴金先生的几部长篇小说，卖价很贵了，但是大家抢着买，把书店的存货买完了才歇。一些文艺杂志，大部分的主顾是青年；在路上，穿着童军服的初中学生和穿着灰色学生服的高中学生，他们手里往往拿着一两本新到的文艺杂志。听青年们谈话，常常自认为文艺的爱好者；他们要出刊物，办壁报，把自己试作的文艺（包括小说、诗歌、小品、随笔之类）发表出来，给别人阅读。

这种现象是可喜的，因为青年们认定了一件值得爱好的东西，就是文艺，这东西将使他们忠于生活，把心思深入现实和理想的精奥之处，而不仅做一个随波逐流人云亦云的人。但是我想，单是自认爱好是不够的；既说爱好，

第四章 爱好与修养

必须真个爱好。对于无论什么事物，要能真个爱好，都得逐步逐步地修养；修养越有进境，爱好越见真切。若不在修养方面注意，你自己虽然爱好，虽以为这爱好发于本心，其实只是盲目的，被动的。人家如果问你："你为什么爱好文艺？""文艺能够引起你的爱好，为的什么？"你便将回答不出来。

…………

青年们既然自认爱好文艺，必须在修养方面下功夫。就阅读说，不该因为这写在纸上的名叫"文艺"才去读它；如果这样，便是顾空名而忘实际，应该想，我为要深入各种的生活，接触作者的心灵，所以要读它；这样想的时候，修养的基础便打定了。要深入，要接触，读一篇东西自然不能像一般人看戏看电影一样，只知道红面孔登场了，白胡子跌倒了，或是甲男和乙女爱上了，丙男和丁女闹翻了，就算满足，必须把篇中说明的什么彻底了解。一个词儿，一句对话，都不轻易马虎过去；乃至一个比喻，一个穿插，前后许多节目的照应，人物和环境的交互关系，也要辨别得清楚，认识得确切，这样才算彻底了解。这是第一。第二，必须把作者所以要作这篇东西的主旨体会出来。大概所谓文艺，与普通论文不同之处，就在后者把主旨明白地说了出来。主旨有意思，寄托又恰如其分，能使读者体会得出，这是作者方面的事儿；根据自己的固有经验，又根据当前对于这篇文字的彻底了解，把作者没有明说的那个主旨体会出来，不错误，也不缺漏，这是读者方面的事儿。在体会出来的时候，读者便感到极大欢快，爱好文艺的热心，到这里才得到真实的酬报。自然，你还可以进一步批评那作品，或者发觉它的主旨不很圆满，或者议论它的技术尚有缺点。但是，这必须待第一第二两项功夫做到了家，才可以着手。否则，对于作品的本身还没有彻底了解，对于作品的主旨还没有把握得住，而要加以批评，便难免信口乱道，搔不着痒处。所以，第一第二两项功夫，是爱好文艺的青年所必须修养的。

依理说，名为"文艺"，当然是成品的东西。但是事实上不一定如此，不成品的东西，也往往冒着"文艺"的名称。青年没有这许多闲工夫，最好不要凭名称来选读；为得到实益和经济时力起见，应该选读那些真个当得起"文艺"这个名称的东西。请教别人自然是一个办法。别人说什么东西值得读，就去读；别人说某篇东西该怎样

第四章 爱好与修养

民国时期文艺的女学生们。

读,就怎样去读;只要那个人的确有一些门径,便不至于上当。但是请教别人还不如训练自己。把自己的眼光训练起来,成品的或不成品的东西,一到面前就辨别得出;若是成品的东西,读下去就能够应用最精善的读法,这样,岂不随时方便,终身受用?而要达到这个地步,还得如前面所说,在第一第二两项功夫上修养。你要求彻底了解,你要求把捉主旨;如果遇到不成品的东西,在彻底了解和追求主旨之后,觉得这里也有疏漏,那里也有缺点,你就很容易断定它不是成品。同时,你对于读物也就有了真的好恶。成品的,你将更深切地爱好它;不成品的,你将很自然地厌恶它,浪费时力在阅读不成品的东西上,这种事情便难得有了。

再就写作说,我以为青年试作文艺是好事情,但必须先有最起码的修养,就是:能运用文字把自己所知所想的东西写出来,明白而有条理,没有理论上和语法上的错误。一张请假条都写不好或一篇演讲记录都记不来的人,他决没有试作文艺的能力;不相信,定要去试作,也不过胡搅一阵罢了,实在没有什么意思。这一点最起码的修养,本是无论什么人都该有的;一个人若不能运用文字把自己所知所想的东西写得明白而有条理，他就算不得一个合格的公民。现在有些青年以为写东西只要提笔写下去就成，不很顾到所写的明白不明白，有条理没有条理。我要爽直地说，这是一种要不得的习气。这种习气会使你写不好一张请假条，记不来一篇演讲记录；这种习气会使你终身得不到写作的实益。所以，即使是不想写文艺的人，也不该染上这种习气。自认爱好文艺有志试作文艺的青年，当然不该染上。须要知道，文艺是"运用文字"写成的；对于文字若还不能运用，又哪里谈得上写作文艺？

其次，一个人过生活，本该认真和踏实，对于自己和他人，都要对得起，都要无愧于心。一般的修养，目标就是如此；想要试作文艺的青年，当然也该向这方面努力。所谓文艺家，并不指一些会说花言巧语的人。有些人生活既充实，又能从生活中间发觉些什么，领悟些什么，并且运用文字把它们具体地叙写出来，那才是文艺家。生活充实的时候，发觉和领悟的机会自然常有；要写文艺，便有了个取之不竭的泉源。生活不充实，勉强去找一些东西来写，这便像向枯井里汲水，即使偶尔有一点，也只是混浊的泥浆。有志试作文艺，对于名作加以研读和揣摩，固然重要；但努力于生活，多做，多想，多观察，多体会，比较起来尤其重要。因为前者只能给你一些帮助，而后者却是开源的办法。生活当然指目前的而言；你若当学生，就得使自己的学生生活十分充实。一个学生生活十分充实的学生，很可能就学生生活的范围，写成很像个样子的文艺。

        1941年11月2日作
      原文为《爱好和修养》，有删改

文艺随谈

我们看文艺作品,正像交朋友一个样,看一篇作品,就是跟这篇作品的作者交朋友,要跟他认识,知道他的思想。作品的内容一定说到人事,即使全是歌咏自然的诗,也通过自然接触到人事。照另一说法,读一篇作品,也可以说是跟社会接触。我们交一个朋友,如果处处用分析的眼光去估量他,那未免太"机心"了。譬如你一天到晚想着你的朋友们,某某的性情怎样,某某的思想怎样,某某对人的态度怎样,诸如此类;凭这样精细的剖析的眼光去接近朋友,是不大妥当的,应该以整个的心与朋友相对,才是交友之正道。读作品却不妨怀着这样的"机心",用分析的眼光去分析作者的性格,他所喜爱的风格以及惯常的取材等等,这样才容易认识作品。

看作品既然是接触人事，就要花一番准备功夫。所谓准备功夫是什么呢？对己是立身处世，对人是知人论世。立身处世的态度好，才能知人论世。这大概要涉及社会科学了（我是不懂社会科学的）。所谓社会科学，想来也无非是讲究立身处世、知人论世二者之道。研究社会科学的人，对一切事物必须分析得很仔细。这一原则运用到文艺的学习上也一样。学习文艺，首先就要认识作者，像上面所说的，认识这个作者的性格是怎么样的，他的作风是怎么样的，他所喜爱的材料又是怎么样的。其次是分析作品，更要注意分析之后的综合。一个人要研究文艺，预备写作，这一串工作是不可忽略的。其实这也不限于学习文艺的人，其他人也应如此。其他人对一切事物也应当训练认识与分析，再进一步就要领会事物的全貌，体察事物的全神；不过学习文艺的人应当更加细密些深切些罢了。

在提笔写作的时候，却要丢开平日的剖析功夫。如果记着某篇的长处，一定要把它搬到自己的作品里来，这是模仿，是不足道的。要把别人的东西消化成为自己的，把已经消化了的东西充实自己，才是好办法。剖析功夫要经常练，使它成为习惯。这用于知人论世是非常重要的。特别要注意的是剖析之后再来一次综合,以期得到全貌与全神。

文学作品是用文字写的,因而写作的人对语言文字的研究工作就丝毫不能放松。我没有机会经常看到新出版的杂志,偶尔看到几本,就发现有少数作者对语言文字不大注意;有许多用词造句,违反了我国语言文字的习惯。一部分人写文章并不依据自己的口语,也不是流行的国语,也不是欧化的文句——欧化是可以的,只要运用得得当;他们写的不知道是哪里的语言。没有人用的,他们用,没有人说的,他们说。这对于爱好文学的青年的危害是很大的。这样的用词造句,将来恐怕会使语言文字弄得庞杂零乱,一塌糊涂。学生们从杂志报章上学来这些,装在脑子里,写在笔底下,翻来覆去,就铸成了极大的错误。因而从教育观点上说,写作的人不能不负起责任来,对语言文字的运用要特别当心。

要把准确的认识和精密的思想表达出来,就非要求语言文字的深造不可。爱好写作的人应当注意到这一点,其他人也要注意到这一点。假如语言文字的修养不到家,即使你的作品内容丰富,意识正确,也不能成为好作品。如果你有了好材料，好意识，再加上纯粹无疵的语言（文学语言），才算是好作品。有人说近年来中学生的国文程度在逐渐低落，我认为这一现象，多少与一般人对语言文字的不注意有关。如果大家再不注意语言文字的运用，尽量扩大它的不良影响，中学生的国文程度可能还要低落，这个责任是应该由随意用词造句的人担负的。

其实，研究语言文字是一桩极有意味的工作。拿我来说，我靠抗战的福，到内地走了不少地方，听到了不少各地方言中特别有味的字眼，有好些是须用两三句普通国语才能表达的意思，方言里只要一两个字就表达出来了。譬如我们苏州人说小孩对大人的依恋之情，近乎国语中所谓"撒娇"的意思，苏州人说"嗲"，这个字的意思，说它是"爱娇"吗？不对，说别的也不对。把它安置在恰当的语句里就非常好，这就是写小说的人所谓"活的国语"。现在一般人写的大抵是白话文，它的生动与形象化的程度都是比较有限的。目前的作家中，姚雪垠先生算是注意使用活的国语的一位，对这方面极用功夫。我看过他的关于使用国语的文章，我认为是很对的。

关于方言的运用，有人主张某一地方的人写某一地方的话，我不大同意。我以为必要时抓住某几句活灵活现的方言写在使用国语的文章里，是很有趣味的。如能注意收集方言，在作品中将方言按各地的语法写下来，就是活的国语，能使作品生色不少。

作品还应该注意风格问题。所谓风格，就是你对这一意思的说法和我对这一意思的说法的不同之点，也就是各人的调子。研究语言文字应该成为习惯，把分析的结果化而为我所有，写作的时候融合地运用，当能有助于文章的完美。

1942年11月15日发表

答复朋友们

五十岁,一个并不算大的年纪。就是大到七十八十,又有什么意思?七十八十的老人,男的女的,哪儿都可以见到。若说"知非"啊,"知天命"啊,能够办到,当然不错;可惜蘧伯玉跟孔子的那种人生境界,我一丝儿也没有达到。生日到了,跟四十九四十八那时候一样,依从旧例,买几斤切面,煮了全家吃,此外就不想什么。有几位朋友说我乡居避寿,其实不确切;我本来乡居,因为乡间房价比较低,又省得"跑警报";至于寿不寿,的确没有想起。

承蒙朋友们的好意,把我作为题目,写了些文字,我倒清楚地意识起五十岁来了。大概不会活一百年吧,如今五十岁,道路已经走了大半截。走过的是走过了,"已然"

的没办法叫它"不然";倒是余下的小半截路,得打算好好地走。

朋友们的文字里,都说起我的文字跟为人;这两点,这自己知道得清楚,都平庸。为人是根基,平庸的人当然写不出不平庸的文字。我说我为人平庸,并不是指我缺少种种常识,不能成为专家;也不是指我没有干什么事业,不当教员就当编辑员;却是指我在我所遭遇的生活之内,没有深入它的底里,只在浮面的部分立脚。这样的平庸,好比一个皮球泄了气,瘪瘪的;假如人生该像个滚圆的皮球的话,这平庸自然要不得。

像个滚圆的皮球的人生,其人必然是诗人,广义的诗人。写不写诗没关系,生活本身就是诗。如果写,其诗必然是好诗,即使不用诗的形式也还是好诗。屈原、陶潜、杜甫、苏轼、托尔斯泰、易卜生,他们假如没有什么作品,照样是诗人,说他们的作品可爱,诚然不错,但是,假如说他们那诗人的本质可爱,尤其推究到根柢。

为要写些什么,故意往生活里钻,这是本末倒置的办法,我知道没有道理。可是,一个人本当深入生活的底里,懂得好恶,辨得是非,坚持有所为有所不为,实践如何尽职如何尽伦，不然就是白活一场：对于这一层，我现在似乎认识得更明白，愿意在往后的小半截路上加紧补习，补习有没有成效，看我的努力如何。如有成效，该可以再写些，或者说，该可以开头写。不过写不写没有大关系，重要的是加紧补习。

朋友厚爱我，宽容我，使我感激；又夸张地奖许我，使我羞愧，虽然羞愧，想到这无非要我好，还是感激。最近在报上看见沈尹默先生的诗，有一句道，"久客人情真足惜"，吟诵了好几遍。沈先生说的"久客"是久客川中，我把它解作人生在世，像我这么一个平庸的人，居然也能得到朋友们的厚爱、宽容跟奖许，"人情真足惜"啊！在这样温暖的人情中，我更没有理由不打算加紧补习。

这不是寻常致谢的话，想朋友们一定能够鉴谅。

1943年12月10日作

关于谈文学修养

我读了些谈文学修养的文字，如说该确立人生观与世界观，该多方面观察多方面体验，该广泛地阅读各种书籍，该从各地方各等人的语言中去学习去提炼，训练自己，使自己能够说出并写出富于艺术性的语言，这些都有道理。不在这种种方面着力，徒然执笔写作，必然写不出什么像样的东西。不过有一点意思似乎应当补充，就是这种种努力本是为人之当然，我们为人，就该留意这些项目，即使不弄文学，也不能荒疏。为什么要补充这一点意思？因为惟有认清这一点，才能明白文学与生活的关系。文学是生活的源头上流出来的江河溪沟，不是与生活离立的像人工凿成的池子似的东西。

一个人生活充实，表现出来有种种方式，道德、学

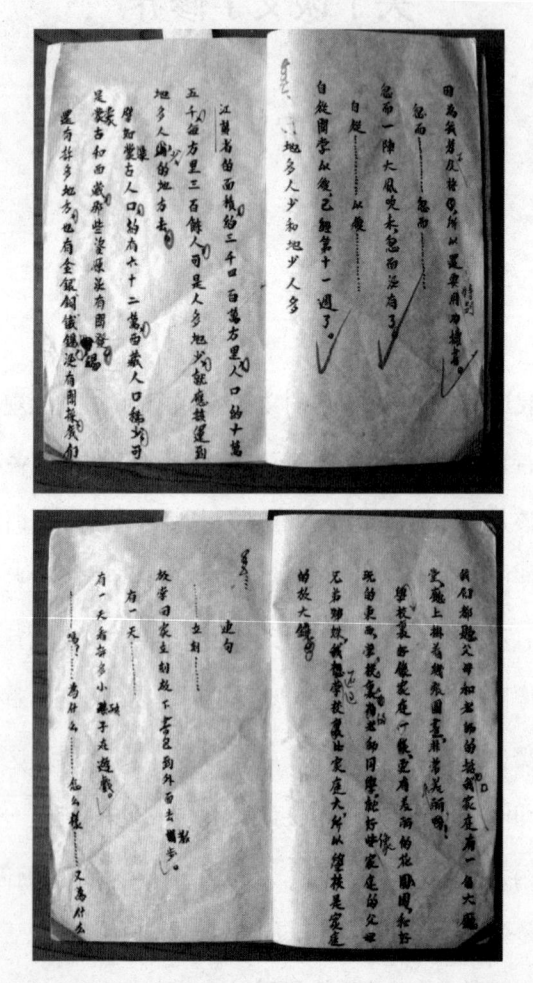

民国时期作文本，上有小片段练习和造句练习。

问、事功都是，而文学是其中之一。生活在先，文学在后。生活充实的人不一定要弄文学，不弄文学的人却也一定要求生活充实，如果单说文学修养该怎么怎么，就等于说为文学而求生活充实，这显然有些本末倒置。从反面推想，或许还会想到不弄文学就可以不管人生观什么的，也就是不弄文学就无须乎求生活充实，那更是坏影响了。

再说，文学是个浑然的整体，勉强打比方，好似一股活水，时时流动，时时进展，却分不开这一部分与那一部分。虽说我们人具有智慧，能够自省，对于生活会有所觉解，但并不取那种机械的分析的方式。我们说一句话，笑一笑，这中间正蕴蓄着我们的人生观与世界观，可是我们不想到什么人生观与世界观。人生观与世界观的确立就在一言一笑一思一感之间。若是特别提醒自己，现在我们要确立人生观与世界观，恐怕只有茫然无所措手足。我们对着山水默想，临着事物沉思，这就是观察或体验，可是我们不想到自己在观察或体验。观察或体验总之是以心接物，进一步是心与物融和，合而为一。若是事物当前的时候，我们有意地嘱咐自己，现在观察吧，现在体验吧，这就把心思分到旁的方面去，即使能有所得，恐怕也不会多量，不会深至。

这样想来，所谓该怎么怎么，大致只是我们研究文学家，看他们何以成功，归结出来的若干项目。而文学家自己虽然确曾这样那样做过来，却未必条分缕析地意识着，他们只是在生活的大路上迈步前进，不断地求其充实。在研究别人的时候，条分缕析诚然是一种方便，可是在自己实践的时候，条分缕析不免会把生活弄得支离破碎，不成个浑然的整体。并且，该确立人生观与世界观，该多方面观察多方面体验等等，都一说就明白，并非难懂，但也并非究竟，究竟在于真能确立，真能观察，真能体验，这些都传授不来，都不是"外铄"的事情，都得从各人整个的生活出发。生活到某种地步，自然有某种的人生观与世界观，自然能作某种程度的观察与体验。且不说文学修养吧，就说生活修养，听人家说了一大套，该怎么怎么。对于我们的生活到底有多少益处？与生活充实的人交接，读生活充实的人的传记，比听"生活修养谈"是好得多了，因为这不是知识的授受，而是实践的感染。但是也只限于感染而止，我们的生活能不能也充实起来，还得靠我们自己。我们虽然生在人群中间，对于各自的生活却只有冥心孤往，独力潜修。大家的充实不就是我的充实？我要充实，人家帮不了忙。

这岂不是文学修养几乎无可谈了吗？照我的浅见，实在有些无可谈。就是探到根源，不谈文学修养，而谈生活修养，也还是无可谈。可谈的只是些迹象，只是些节目，而精神与总纲在于各人自求得之。自求得之也未必谈得来，因为生活就是生活，本来不是谈的事儿。

1943年12月31日作

略谈音乐与生活

学校里都有音乐功课,上课时候由教师教一两支歌。可是试在学生休闲时间留心,学生似乎一致排斥教师所教的歌,很少听见他们唱。他们宁愿哼些地方戏、地方歌曲、平剧、电影歌词,乃至英语歌曲。他们唱这些东西并不循规蹈矩,只是随意遣兴而已;譬如唱平剧,马马虎虎,反反复复念着"我正在城楼观山景",就算在那儿唱了;其实这不成为唱,只能说是哼。

在集会的场合里,酒酣耳热,兴高采烈,往往有人被拉出来独唱。这些被拉出来的人往往是专门家,至少也得有一手。而与会的人齐声合唱的事却绝无仅有。仿佛正式开会的时候唱国歌,是因功令规定,不得不勉强敷衍,若能躲避,还是乐得不开口;至于自动的一齐合唱,那是从未梦想到的事，要说遣兴作乐，自有打趣说笑、猜拳赌酒那些办法在。

以上信笔写了些实况。根据这些实况，可见享受声乐这回事儿，在我国实在并不普遍。这一定是音乐教育方面出了什么毛病。我国自从施行新式教育就有音乐的课程，可是几十年来没有收到效果，一般人生活上得不到音乐的补益：教育家尤其是音乐教育家应该把其中的毛病找出来。咱们不该漫谈自夸，咱们中国自古是礼乐之邦；咱们应该认清实况，咱们现在是不会享受声乐的民族。出几个歌唱家，在都市里开几次独唱会，即使足与世界的名家并驾齐驱，也不能算是音乐教育的成功；必须一般人都受到音乐的滋养，能够唱，能够听，能够使生活进入更高更充实的境界，那才是成功。

音乐可以说是群性最丰富的艺术。单就声乐来说，你唱一支歌，无论自编的或现成的，只要你认认真真的唱，当一回事儿唱，你就宣泄了你的某种感情。人家听了你的歌，声入心通，也引起了某种感情。这当儿，你跟人家不但形迹上在一块儿，而且感情上也融和起来了。不问那感情是欢乐还是哀愁，总之你并不孤单，你的欢乐有人分享，你的哀愁有人共鸣。再说合唱。许多人合着和谐的旋律，同唱一支歌，假若个个人认认真真的唱，当一回事儿唱，就人人会觉得"小己"扩大了，扩大而为同在合唱的"一群"；也可以说"小己"融化了，融化在同在合唱的"一群"里头。感染、激动、团结、组织，都是人群间重要的事项，而音乐却有达成这些事项的直接作用。我虽然不懂音乐，可是就常识而言，我相信音乐教育必须特别着重它的群性；而一般人了解音乐，享受音乐，也必须特别着重这个群性。因为个人跟人家共哀同乐，"小己"扩而为大群，与大群融和，这就是生活进入了更高更充实的境界。

民国时期的音乐教育丰富多彩。

回忆抗战初起的时候,各地泛滥着"冒着敌人的炮火,前进!前进!"的歌声。唱的人不但用口来唱,而且用赤诚的心来唱,抗战的精神不久就普遍到"全面",这是音乐的群性作用收到效果的真凭实据。音乐若能在各方面多多利用,其效果自当不可限量。

我不说音乐高于一切,最最重要;可是我相信音乐也是一个重要的文化部门,跟它疏远了,在个人就缺少了一条进入更高更充实的生活的途径,在大群就缺少了一种感染、激动、团结、组织的力量,关系实在不小。这里把想到的一些写出来,希望音乐教育家跟读者诸君加意。

1944年4月1日发表

我们的话

有人说，三百六十行，哪一行不好干？为什么偏要弄文艺？

是的，偏要弄文艺。

你们咬定牙根说偏要，必然有所为。

当然有所为。人有脑筋，不能不想。人活在群众之中，不能不把自己纳入群众之中一起想。想到什么，不吐不快。吐出来要用顶好的方式，于是弄文艺。我们为的就是这个。

帮闲凑趣，歌功颂德，沽名钓誉，骋才鸣高，为了这些弄文艺的，以往有，如今也不是没有。可是我们不为这些，也不消说时代不同了什么的，总之我们不为这个。

人家爱听些吉祥言语，我们可不是信口开河的媒婆，说不来。人家盼望在纸面上见到天下太平，我们可不愿意写什么"乌托邦"。人家讨厌一些真实的话，因为揭露了他们的本相，妨碍了他们的利益，我们可不管，只要见得真实，想说就说。当然，真实的话不限于这一方面。如果有功可歌，有德可颂，我们还是要歌颂，这歌颂同样是真实的话。我们要为将要死去的撞葬钟，也要为将要出生的唱"新生之歌"。

我们别无顾虑，单顾虑认识不够，因而所说的话不够真实。为了这一层，我们要随时学习，随时磨练，直到老死。

我们还要反省。文艺还没有在群众之中发生大作用，原因在哪儿？如果在我们这方面，或因内容空虚，像个泄了气的皮球，或因形式别扭，像个不协调的曲谱，就得加紧修炼，改弦易辙。如果在读者那方面，或嫌口味不对，或嫌格调不合，也足以促使我们改进。怀着一腔真实的话向人说，好比捧着一件珍贵的礼物送人，总望他接受下来，心里才舒服。为了希望读者接受下来，除了"真实"二个字不容走动而外，自该有些斟酌损益。这斟酌损益就是我们的改进。

至于说环境不好，所以不能产生好东西，不容产生好东西,所以文艺在群众之中影响还微弱,这些话当然不错。然而从另一方面想,如果绝对相信这个话,就此低下头来,袖起手来,那就等于向不良的环境缴了械。文艺通常被比作武器,环境越坏,武器越不该放手,越要把它磨得锋快。从前有些科学家,用他们发现的真理与不良的环境斗争,有被囚的,有被杀的。然而他们胜利了,他们发现的真理终于化而为一般人的常识。弄文艺的虽然不敢妄自夸大,也不必妄自菲薄,那些科学家的那种勇气,我们可能有,那些科学家的那种胜利,我们也可能有。

今天是一年的开头,据说在我国,今年将比以前更为艰难困苦。我说这一番话,愿意与同心的朋友共勉,也愿意向一般的读者请教。

1944年12月28日作